平成30年版

公共建築工事内訳書標準書式
【設備工事編】・同解説

【監修】国土交通省大臣官房官庁営繕部
【編集・発行】一般財団法人 建築コスト管理システム研究所

大成出版社

刊行にあたって

　一般財団法人建築コスト管理システム研究所は、公共建築物のコスト管理のあり方に関して、経済社会の動向や技術の進展に対応した調査研究、開発等を行い、建築物のコスト管理システムの高度化を推進することにより、社会基盤としての質の高い公共建築物の整備及び建築技術の向上に寄与することを目指しております。このため、業務の一環としてコスト管理及び積算に関する図書を刊行し、実務に携わる方々の効率的かつ適正な業務の実施に寄与できるように努めています。

　国は平成14年に営繕事務の一層の合理化・効率化を推進するため、各府省庁の営繕関係技術基準の統一化の方針を決定しました。これを受け、平成15年3月に「関係省庁連絡会議」において積算関係の技術基準類を含む国の統一基準が決定され、「公共建築工事内訳書標準書式」も統一基準となりました。

　当研究所では「公共建築工事内訳書標準書式（設備工事編）」における内訳書の基本的な考え方や記載方法等を解説した「公共建築工事内訳書標準書式（設備工事編）・同解説（平成15年版）」を始めに、時節に応じて平成24年版を最後に発行し、幅広く活用されてきておりました。最後の発行から6年余が経過し、その間公共建築工事標準仕様書やJIS規格等の改正が行われており、平成30年3月の「関係省庁連絡会議」において、「公共建築工事内訳書標準書式（設備工事編）」の改定が承認され、国土交通省大臣官房官庁営繕部においても改定がされております。

　さらに、国土交通省大臣官房官庁営繕部では、営繕工事における「入札時積算数量書活用方式」が平成29年度から本実施されているところです。

　この度、改定された内訳書標準書式等との整合を図る必要性から、記載内容等の見直しを行い、「公共建築工事内訳書標準書式（設備工事編）・同解説（平成30年版）」として発行することとしました。

　本書が全国の公共建築工事の積算に携わる方々に広く活用され、積算業務の効率化、適正化に大きく寄与することを期待するものです。

　　平成30年12月

　　　　　　　　　　　　　　　一般財団法人　建築コスト管理システム研究所
　　　　　　　　　　　　　　　　　　理事長　　春　田　浩　司

目　　次

刊行にあたって

第1編　一般事項

1．公共建築工事内訳書標準書式（設備工事編）とは……………………………3

2．工事費内訳書………………………………………………………………………3

3．設計図書に使用される基準類……………………………………………………4

第2編　公共建築工事内訳書標準書式（設備工事編）

1．工事費内訳書の構成………………………………………………………………7

2．工事費内訳書の内容………………………………………………………………7

3．標準書式……………………………………………………………………………8

　(1)　電気設備工事内訳書標準書式…………………………………………………9

　　　種目別内訳書

　　　科目別内訳書

　　　中科目別内訳書

　　　細目別内訳書

　(2)　機械設備工事内訳書標準書式………………………………………………59

　　　種目別内訳書

　　　科目別内訳書

　　　中科目別内訳書

　　　細目別内訳書

目　次

 （3）　昇降機設備工事内訳書標準書式 ………………………………………………………83

   種目別内訳書

   科目別内訳書

   中科目別内訳書

   細目別内訳書

第3編　公共建築工事内訳書標準書式（設備工事編）の解説

第1章　共通事項

 1．工事費内訳書の構成 ………………………………………………………………97

 2．工事費内訳書の内容 ………………………………………………………………97

 3．標準書式 ………………………………………………………………………………98

第2章　電気設備工事

第1節　工事費内訳書標準書式

 Ⅰ　庁舎

  1．電灯設備 ………………………………………………………………………105

  2．動力設備 ………………………………………………………………………116

  3．電気自動車用充電設備 ………………………………………………………119

  4．電熱設備 ………………………………………………………………………121

  5．雷保護設備 ……………………………………………………………………124

  6．受変電設備 ……………………………………………………………………126

  7．電力貯蔵設備 …………………………………………………………………129

  8．発電設備 ………………………………………………………………………136

  9．構内情報通信網設備 …………………………………………………………149

  10．構内交換設備 …………………………………………………………………153

  11．情報表示設備 …………………………………………………………………157

  12．映像・音響設備 ………………………………………………………………162

目　次

13．拡声設備‥‥‥‥‥‥‥‥‥‥‥‥‥‥‥‥‥‥‥‥‥‥‥‥‥‥‥166

14．誘導支援設備‥‥‥‥‥‥‥‥‥‥‥‥‥‥‥‥‥‥‥‥‥‥‥‥168

15．テレビ共同受信設備‥‥‥‥‥‥‥‥‥‥‥‥‥‥‥‥‥‥‥‥173

16．監視カメラ設備‥‥‥‥‥‥‥‥‥‥‥‥‥‥‥‥‥‥‥‥‥‥175

17．駐車場管制設備‥‥‥‥‥‥‥‥‥‥‥‥‥‥‥‥‥‥‥‥‥‥178

18．防犯・入退室管理設備‥‥‥‥‥‥‥‥‥‥‥‥‥‥‥‥‥‥181

19．火災報知設備‥‥‥‥‥‥‥‥‥‥‥‥‥‥‥‥‥‥‥‥‥‥‥187

20．中央監視制御設備‥‥‥‥‥‥‥‥‥‥‥‥‥‥‥‥‥‥‥‥‥196

21．発生材処理‥‥‥‥‥‥‥‥‥‥‥‥‥‥‥‥‥‥‥‥‥‥‥‥199

Ⅱ　屋外

1．構内配電線路‥‥‥‥‥‥‥‥‥‥‥‥‥‥‥‥‥‥‥‥‥‥‥200

2．構内通信線路‥‥‥‥‥‥‥‥‥‥‥‥‥‥‥‥‥‥‥‥‥‥‥205

3．発生材処理‥‥‥‥‥‥‥‥‥‥‥‥‥‥‥‥‥‥‥‥‥‥‥‥207

Ⅲ　テレビ電波障害防除

1．テレビ電波障害防除設備‥‥‥‥‥‥‥‥‥‥‥‥‥‥‥‥‥208

第2節　工事費内訳書記載例‥‥‥‥‥‥‥‥‥‥‥‥‥‥‥‥‥‥‥211

第3章　機械設備工事

第1節　工事費内訳書標準書式

Ⅰ　庁舎

1．空気調和設備‥‥‥‥‥‥‥‥‥‥‥‥‥‥‥‥‥‥‥‥‥‥‥217

2．換気設備‥‥‥‥‥‥‥‥‥‥‥‥‥‥‥‥‥‥‥‥‥‥‥‥‥243

3．排煙設備‥‥‥‥‥‥‥‥‥‥‥‥‥‥‥‥‥‥‥‥‥‥‥‥‥247

4．自動制御設備‥‥‥‥‥‥‥‥‥‥‥‥‥‥‥‥‥‥‥‥‥‥‥249

5．衛生器具設備‥‥‥‥‥‥‥‥‥‥‥‥‥‥‥‥‥‥‥‥‥‥‥250

6．給水設備‥‥‥‥‥‥‥‥‥‥‥‥‥‥‥‥‥‥‥‥‥‥‥‥‥254

7．排水設備‥‥‥‥‥‥‥‥‥‥‥‥‥‥‥‥‥‥‥‥‥‥‥‥‥259

8．給湯設備‥‥‥‥‥‥‥‥‥‥‥‥‥‥‥‥‥‥‥‥‥‥‥‥‥261

9．消火設備‥‥‥‥‥‥‥‥‥‥‥‥‥‥‥‥‥‥‥‥‥‥‥‥‥264

目　次

　　10．ガス設備･･････････････････････････････････････272

　　11．厨房機器設備･･････････････････････････････････275

　　12．雨水利用設備･･････････････････････････････････278

　　13．撤去工事･･279

　　14．発生材処理･･････････････････････････････････････282

　Ⅱ　屋外

　　1．給水設備･･283

　　2．排水設備･･285

　　3．ガス設備･･286

　　4．浄化槽設備･･288

　　5．撤去工事･･290

　　6．発生材処理･･292

第2節　工事費内訳書記載例･･･････････････････････････293

第4章　昇降機設備工事

第1節　工事費内訳書標準書式

　Ⅰ　庁舎

　　1．エレベーター設備･･････････････････････････････････303

　　2．小荷物専用昇降機設備･･････････････････････････････307

　　3．エスカレーター設備･･････････････････････････････309

　　4．撤去工事･･312

　　5．発生材処理･･312

第1編　一般事項

一般事項

1．公共建築工事内訳書標準書式（設備工事編）とは

　公共建築工事内訳書標準書式（設備工事編）（以下「標準書式」という。）は、「官庁営繕関係基準類等の統一化に関する関係省庁連絡会議」で決定した統一基準であり、標準的な工事費内訳書の書式について定めたものである。

　統一基準とは、営繕事務の一層の合理化・効率化を図るため同会議において決定された官庁営繕関係の技術基準類をいう。

　積算に関する統一基準には、次の基準類がある。
① 公共建築工事積算基準
② 公共建築工事共通費積算基準
③ 公共建築工事標準単価積算基準
④ 公共建築数量積算基準
⑤ 公共建築設備数量積算基準
⑥ 公共建築工事内訳書標準書式（建築工事編）
　　　　〃　　　　　　　　　　（設備工事編）
⑦ 公共建築工事見積標準書式（建築工事編）
　　　　〃　　　　　　　　　（設備工事編）

　これら積算に関する基準類の体系は次のとおりである。

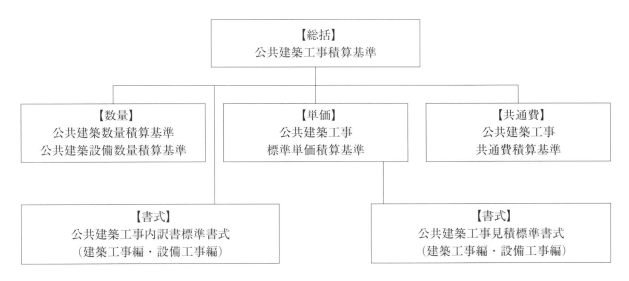

2．工事費内訳書

　工事費内訳書は、公共建築工事の発注に際して必要となる設計図書に基づいて作成する「予定価格の算出の基礎を明らかにした書類」である。公共建築工事積算基準において、「工事費内訳書は公共建築工事内訳書標準書式による。」と定められている。

　標準書式は、電気設備工事、機械設備工事、昇降機設備工事に区分されている。

一般事項

３．設計図書に使用される基準類

公共建築工事（設備工事）において設計図書とされる統一基準には、次の基準類がある。

① 公共建築工事標準仕様書（電気設備工事編）

② 公共建築工事標準仕様書（機械設備工事編）

③ 公共建築設備工事標準図（電気設備工事編）

④ 公共建築設備工事標準図（機械設備工事編）

⑤ 公共建築改修工事標準仕様書（電気設備工事編）

⑥ 公共建築改修工事標準仕様書（機械設備工事編）

本書で使用している名称等は、原則としてこれらの基準類を基に記載している。

第2編　公共建築工事内訳書標準書式
（設備工事編）

この基準は、「官庁営繕関係基準類の統一化に関する関係省庁連絡会議」において、府省庁の統一基準として決定されたものである。

公共建築工事内訳書標準書式（設備工事編）

１．工事費内訳書の構成

工事費内訳書は、直接工事費と共通費を加算した工事価格に消費税等相当額を加算することにより、工事費を算出するようにまとめたものとし、以下により構成する。

(1) 種目別内訳書
(2) 科目別内訳書
(3) 中科目別内訳書
(4) 細目別内訳書

２．工事費内訳書の内容

工事費内訳書の記載内容は、次のとおりとする。

(1) 種目別内訳書

種目別内訳書には、直接工事費及び共通費の種目の金額並びに消費税等相当額を記載する。

イ）直接工事費の種目

直接工事費の種目は、設計図書の表示に従い各工事種目ごとに区分する。

なお、全体工事のうち、一部分について全体工期より先に完成を指定した部分（指定部分）等がある場合は、当該部分を区分して記載する。

ロ）共通費の種目

① 共通仮設費

共通仮設費は、１式で記載する。

② 現場管理費

現場管理費は、１式で記載する。

③ 一般管理費等

一般管理費等は、１式で記載する。

なお、工事を専門工事業者等に発注する場合においては、共通仮設費、現場管理費、一般管理費等を合わせ、共通費として１式の金額を記載することができる。

ハ）消費税等相当額

消費税等課税対象額に消費税等率を乗じた額を記載する。

(2) 科目別内訳書

科目別内訳書は、設計図書の工事種目等を標準として直接工事費を科目に区分し、その科目の金額を記載する。

(3) 中科目別内訳書

中科目別内訳書は、科目別内訳において区分した科目をさらに主要な構成に従い区分し、その中科目の金額を記載する。ただし、工事内容等により区分する必要がない場合は、省略してもよい。

(4) 細目別内訳書

細目別内訳書は、各科目あるいは中科目に属する細目ごとに数量、単価及び金額を記載する。

なお、必要に応じ別紙明細書を設け、１式で記載することができる。

イ）仮設に要する費用、機械器具等、運搬費等で各科目に区分できる専用仮設は、当該科目の細目に記載する。

公共建築工事内訳書標準書式（設備工事編）

ロ）摘要欄は、材種、材質、形状、形式、寸法、工法、その他単価に対応する条件などを記載する。

3．標準書式

標準書式は、以下のとおりとする。

本書式は、公共建築工事の工事費内訳書の標準的な書式を示すもので、具体的記載内容については、工事内容に応じたものとする。

公共建築工事内訳書標準書式（設備工事編）　　電気設備

（1）　電気設備工事内訳書標準書式

（種目別内訳）

名　　　称	摘　要	数　量	単位	金　額	備　考
直接工事費					
庁舎		1	式		
屋外		1	式		
テレビ電波障害防除		1	式		
計					
共通費					
共通仮設費		1	式		
現場管理費		1	式		
一般管理費等		1	式		
計					
合計（工事価格）		1	式		
消費税等相当額		1	式		
総合計（工事費）		1	式		

公共建築工事内訳書標準書式（設備工事編）　　　電気設備

（科目別内訳）　　　　　　　　※印は、改修工事等の際に必要となる項目の例を示す。

名　　称	摘　要	数　量	単位	金　額	備　考
庁舎					
電灯設備		1	式		
動力設備		1	式		
電気自動車用充電設備		1	式		
電熱設備		1	式		
雷保護設備		1	式		
受変電設備		1	式		
電力貯蔵設備		1	式		
発電設備		1	式		
構内情報通信網設備		1	式		
構内交換設備		1	式		
情報表示設備		1	式		
映像・音響設備		1	式		
拡声設備		1	式		
誘導支援設備		1	式		
テレビ共同受信設備		1	式		
監視カメラ設備		1	式		
駐車場管制設備		1	式		
防犯・入退室管理設備		1	式		
火災報知設備		1	式		
中央監視制御設備		1	式		
発生材処理		1	式		※
計					
屋外					
構内配電線路		1	式		
構内通信線路		1	式		

公共建築工事内訳書標準書式（設備工事編）　　電気設備

（科目別内訳）　　　　　※印は、改修工事等の際に必要となる項目の例を示す。

名　　称	摘　要	数　量	単位	金　額	備　考
発生材処理		1	式		※
計					
テレビ電波障害防除					
テレビ電波障害防除設備		1	式		
計					

13

公共建築工事内訳書標準書式（設備工事編）　　電気設備

（中科目別内訳）　　　　　　※印は、改修工事等の際に必要となる項目の例を示す。

科 目 名 称	中科目名称	数　量	単位	金　　額	備　考
庁舎					
電灯設備	電灯幹線	1	式		
	電灯分岐	1	式		
	コンセント分岐	1	式		
計					
動力設備	動力幹線	1	式		
	動力分岐	1	式		
計					
電気自動車用充電設備		1	式		
計					
電熱設備		1	式		
計					
雷保護設備		1	式		
計					
受変電設備		1	式		
計					
電力貯蔵設備	直流電源	1	式		
	交流無停電電源	1	式		
	電力平準化用蓄電	1	式		
計					

公共建築工事内訳書標準書式（設備工事編）　　電気設備

（中科目別内訳）　　　　　　　　※印は、改修工事等の際に必要となる項目の例を示す。

科 目 名 称	中科目名称	数　量	単位	金　　　額	備　　考
発電設備	自家発電（原動機）	1	式		
	燃料電池発電	1	式		
	太陽光発電	1	式		
	風力発電	1	式		
計					
構内情報通信網設備		1	式		
計					
構内交換設備		1	式		
計					
情報表示設備	マルチサイン	1	式		
	出退表示	1	式		
	時刻表示	1	式		
計					
映像・音響設備		1	式		
計					
拡声設備		1	式		
計					
誘導支援設備	音声誘導	1	式		
	インターホン	1	式		
	トイレ等呼出	1	式		
計					

15

公共建築工事内訳書標準書式（設備工事編）　　電気設備

（中科目別内訳）　　　　　　　　※印は、改修工事等の際に必要となる項目の例を示す。

科 目 名 称	中科目名称	数　量	単位	金　　額	備　　考
テレビ共同受信設備		1	式		
計					
監視カメラ設備		1	式		
計					
駐車場管制設備		1	式		
計					
防犯・入退室管理設備	防犯	1	式		
	入退室管理	1	式		
計					
火災報知設備	自動火災報知	1	式		
	自動閉鎖	1	式		
	非常警報	1	式		
	ガス漏れ火災警報	1	式		
計					
中央監視制御設備		1	式		
計					
発生材処理		1	式		※
計					

16

公共建築工事内訳書標準書式（設備工事編）　　電気設備

（中科目別内訳）　　　　　　　　※印は、改修工事等の際に必要となる項目の例を示す。

科 目 名 称	中科目名称	数 量	単位	金 額	備 考
屋外					
構内配電線路	電力引込み	1	式		
	外灯	1	式		
計					
構内通信線路	通信引込み	1	式		
	通信	1	式		
計					
発生材処理		1	式		※
計					
テレビ電波障害防除					
テレビ電波障害防除設備		1	式		
計					

公共建築工事内訳書標準書式（設備工事編）　　電気設備

（細目別内訳）　　　　　　　　※印は、改修工事等の際に必要となる項目の例を示す。

名　　　称	摘　　要	数　量	単位	単価	金　　額	備　　考
庁舎						
電灯設備						
電灯幹線						
引込み計器箱	形式、仕様		面			
電線		1	式			別紙明細
ケーブル		1	式			別紙明細
電線管		1	式			別紙明細
金属ダクト・トラフ		1	式			別紙明細
ケーブルラック		1	式			別紙明細
ボックス類		1	式			別紙明細
支持材		1	式			別紙明細
防火区画貫通処理等		1	式			別紙明細
接地工事		1	式			別紙明細
塗装工事		1	式			別紙明細
施工費		1	式			別紙明細
直接仮設	養生、足場等	1	式			別紙明細※
はつり工事		1	式			別紙明細※
取外し再取付け		1	式			別紙明細※
撤去		1	式			別紙明細※
計						
電灯分岐						
ＬＥＤ照明器具	記号		個			
蛍光灯	記号		個			
ＨＩＤ灯	記号		個			
非常用照明	記号		個			
誘導灯	記号		個			
分電盤	盤名称		面			

公共建築工事内訳書標準書式（設備工事編）　　電気設備

（細目別内訳）　　　　　　　※印は、改修工事等の際に必要となる項目の例を示す。

名　　称	摘　　要	数　量	単位	単価	金　　額	備　　考
開閉器箱	名称		個			
照明制御盤	盤名称		面			
照明制御装置	記号		個			
配線器具		1	式			別紙明細
設備プレート		1	式			別紙明細
電線		1	式			別紙明細
ケーブル		1	式			別紙明細
ライティングダクト		1	式			別紙明細
電線管		1	式			別紙明細
金属線ぴ		1	式			別紙明細
金属ダクト・トラフ		1	式			別紙明細
ケーブルラック		1	式			別紙明細
ボックス類		1	式			別紙明細
支持材		1	式			別紙明細
防火区画貫通処理等		1	式			別紙明細
塗装工事		1	式			別紙明細
施工費		1	式			別紙明細
直接仮設	養生、足場等	1	式			別紙明細※
はつり工事		1	式			別紙明細※
取外し再取付け		1	式			別紙明細※
撤去		1	式			別紙明細※
計						
コンセント分岐						
ＯＡ盤	盤名称		面			
開閉器箱	名称		個			
配線器具		1	式			別紙明細
二重床用配線器具		1	式			別紙明細

19

公共建築工事内訳書標準書式（設備工事編）　　電気設備

（細目別内訳）　　　　　　　※印は、改修工事等の際に必要となる項目の例を示す。

名　　称	摘　要	数　量	単位	単価	金　額	備　考
電線		1	式			別紙明細
ケーブル		1	式			別紙明細
電線管		1	式			別紙明細
金属線ぴ		1	式			別紙明細
金属ダクト・トラフ		1	式			別紙明細
ボックス類		1	式			別紙明細
支持材		1	式			別紙明細
防火区画貫通処理等		1	式			別紙明細
塗装工事		1	式			別紙明細
施工費		1	式			別紙明細
直接仮設	養生、足場等	1	式			別紙明細※
はつり工事		1	式			別紙明細※
取外し再取付け		1	式			別紙明細※
撤去		1	式			別紙明細※
計						
動力設備						
動力幹線						
引込み計器箱	形式、仕様		面			
電線		1	式			別紙明細
ケーブル		1	式			別紙明細
電線管		1	式			別紙明細
金属ダクト・トラフ		1	式			別紙明細
ケーブルラック		1	式			別紙明細
ボックス類		1	式			別紙明細
支持材		1	式			別紙明細
防火区画貫通処理等		1	式			別紙明細
接地工事		1	式			別紙明細

公共建築工事内訳書標準書式（設備工事編）　　電気設備

（細目別内訳）　　　　　　　　　※印は、改修工事等の際に必要となる項目の例を示す。

名　　称	摘　　要	数　量	単位	単価	金　　額	備　　考
塗装工事		1	式			別紙明細
施工費		1	式			別紙明細
直接仮設	養生、足場等	1	式			別紙明細※
はつり工事		1	式			別紙明細※
取外し再取付け		1	式			別紙明細※
撤去		1	式			別紙明細※
計						
動力分岐						
制御盤	盤名称		面			
警報盤	形式、窓数		面			
開閉器箱	名称		個			
電動機等接続		1	式			別紙明細
配線器具		1	式			別紙明細
電線		1	式			別紙明細
ケーブル		1	式			別紙明細
電線管		1	式			別紙明細
金属ダクト・トラフ		1	式			別紙明細
ケーブルラック		1	式			別紙明細
ボックス類		1	式			別紙明細
支持材		1	式			別紙明細
防火区画貫通処理等		1	式			別紙明細
塗装工事		1	式			別紙明細
基礎		1	式			別紙明細
施工費		1	式			別紙明細
直接仮設	養生、足場等	1	式			別紙明細※
はつり工事		1	式			別紙明細※
取外し再取付け		1	式			別紙明細※

公共建築工事内訳書標準書式（設備工事編）　　電気設備

（細目別内訳）　　　　　　　※印は、改修工事等の際に必要となる項目の例を示す。

名　　称	摘　要	数　量	単位	単価	金　額	備　考
撤去		1	式			別紙明細※
計						
電気自動車用充電設備						
電気自動車用充電装置	形式、仕様		面			
配線器具		1	式			別紙明細
電線		1	式			別紙明細
ケーブル		1	式			別紙明細
電線管		1	式			別紙明細
金属ダクト・トラフ		1	式			別紙明細
ケーブルラック		1	式			別紙明細
ボックス類		1	式			別紙明細
支持材		1	式			別紙明細
防火区画貫通処理等		1	式			別紙明細
接地工事		1	式			別紙明細
塗装工事		1	式			別紙明細
基礎		1	式			別紙明細
据付費		1	式			別紙明細
試験調整費		1	式			別紙明細
諸経費		1	式			別紙明細
直接仮設	養生、足場等	1	式			別紙明細※
はつり工事		1	式			別紙明細※
取外し再取付け		1	式			別紙明細※
撤去		1	式			別紙明細※
計						
電熱設備						
制御盤	盤名称		面			

公共建築工事内訳書標準書式（設備工事編）　　電気設備

（細目別内訳）　　　　　　　※印は、改修工事等の際に必要となる項目の例を示す。

名　　称	摘　要	数　量	単位	単価	金　　額	備　考
開閉器箱	名称		個			
温度センサ	仕様		個			
降雪センサ	仕様		個			
水分センサ	仕様		個			
発熱線等		1	式			別紙明細
機器間ケーブル工事		1	式			別紙明細
電線		1	式			別紙明細
ケーブル		1	式			別紙明細
電線管		1	式			別紙明細
金属ダクト・トラフ		1	式			別紙明細
ケーブルラック		1	式			別紙明細
ボックス類		1	式			別紙明細
支持材		1	式			別紙明細
防火区画貫通処理等		1	式			別紙明細
接地工事		1	式			別紙明細
塗装工事		1	式			別紙明細
基礎		1	式			別紙明細
土工事		1	式			別紙明細
据付費		1	式			別紙明細
試験調整費		1	式			別紙明細
諸経費		1	式			別紙明細
直接仮設	養生、足場等	1	式			別紙明細※
はつり工事		1	式			別紙明細※
取外し再取付け		1	式			別紙明細※
撤去		1	式			別紙明細※
計						

公共建築工事内訳書標準書式（設備工事編）　　電気設備

（細目別内訳）　　　　　　　　※印は、改修工事等の際に必要となる項目の例を示す。

名　　称	摘　要	数量	単位	単価	金　額	備　考
雷保護設備						
突針	記号		基			
試験用接続端子箱	記号		個			
受雷部（導線）		1	式			別紙明細
引下げ導線		1	式			別紙明細
接続金物		1	式			別紙明細
保護管		1	式			別紙明細
接地工事		1	式			別紙明細
土工事		1	式			別紙明細
直接仮設	養生、足場等	1	式			別紙明細※
はつり工事		1	式			別紙明細※
取外し再取付け		1	式			別紙明細※
撤去		1	式			別紙明細※
計						
受変電設備						
高圧引込盤	盤名称		面			
高圧受電盤	盤名称		面			
高圧き電盤	盤名称		面			
コンデンサ盤	盤名称		面			
低圧配電盤	盤名称		面			
絶縁監視装置	盤名称		面			
変圧器	方式、容量		台			
高圧進相コンデンサ	方式、容量		台			
直列リアクトル	方式、容量		台			
接地端子箱	記号		個			
バスダクト	形式、仕様		m か所			
電線		1	式			別紙明細

24

公共建築工事内訳書標準書式（設備工事編）　　電気設備

（細目別内訳）　　　　　　　　※印は、改修工事等の際に必要となる項目の例を示す。

名　　称	摘　　要	数　量	単位	単価	金　額	備　考
ケーブル		1	式			別紙明細
電線管		1	式			別紙明細
金属ダクト・トラフ		1	式			別紙明細
ケーブルラック		1	式			別紙明細
ボックス類		1	式			別紙明細
支持材		1	式			別紙明細
防火区画貫通処理等		1	式			別紙明細
接地工事		1	式			別紙明細
塗装工事		1	式			別紙明細
搬入費		1	式			別紙明細
搬出費		1	式			別紙明細※
施工費		1	式			別紙明細
直接仮設	養生、足場等	1	式			別紙明細※
はつり工事		1	式			別紙明細※
取外し再取付け		1	式			別紙明細※
撤去		1	式			別紙明細※
計						
電力貯蔵設備						
直流電源						
整流装置	仕様		台			
蓄電池収納盤	盤名称		面			
蓄電池	形式、容量	1	式			別紙明細
電線		1	式			別紙明細
ケーブル		1	式			別紙明細
電線管		1	式			別紙明細
金属ダクト・トラフ		1	式			別紙明細
ケーブルラック		1	式			別紙明細

公共建築工事内訳書標準書式（設備工事編）　　電気設備

（細目別内訳）　　　　　　　※印は、改修工事等の際に必要となる項目の例を示す。

名　　称	摘　要	数量	単位	単価	金　額	備　考
ボックス類		1	式			別紙明細
支持材		1	式			別紙明細
防火区画貫通処理等		1	式			別紙明細
接地工事		1	式			別紙明細
塗装工事		1	式			別紙明細
搬入費		1	式			別紙明細
搬出費		1	式			別紙明細※
施工費		1	式			別紙明細
直接仮設	養生、足場等	1	式			別紙明細※
はつり工事		1	式			別紙明細※
取外し再取付け		1	式			別紙明細※
撤去		1	式			別紙明細※
計						
交流無停電電源						
ＵＰＳ装置	仕様、容量		台			
入出力分岐盤	盤名称		面			
バイパス盤	盤名称		面			
蓄電池収納盤	盤名称		面			
蓄電池	形式	1	式			別紙明細
電線		1	式			別紙明細
ケーブル		1	式			別紙明細
電線管		1	式			別紙明細
金属ダクト・トラフ		1	式			別紙明細
ケーブルラック		1	式			別紙明細
ボックス類		1	式			別紙明細
支持材		1	式			別紙明細
防火区画貫通処理等		1	式			別紙明細

（細目別内訳）　　　　　　　　　※印は、改修工事等の際に必要となる項目の例を示す。

公共建築工事内訳書標準書式（設備工事編）　　電気設備

名　　称	摘　　要	数　量	単位	単価	金　　額	備　考
接地工事		1	式			別紙明細
塗装工事		1	式			別紙明細
搬入費		1	式			別紙明細
搬出費		1	式			別紙明細※
据付費		1	式			別紙明細
試験調整費		1	式			別紙明細
諸経費		1	式			別紙明細
直接仮設	養生、足場等	1	式			別紙明細※
はつり工事		1	式			別紙明細※
取外し再取付け		1	式			別紙明細※
撤去		1	式			別紙明細※
計						
電力平準化用蓄電						
電力平準化用蓄電装置	仕様、容量		台			
蓄電池収納盤	盤名称		面			
蓄電池	形式	1	式			別紙明細
電線		1	式			別紙明細
ケーブル		1	式			別紙明細
電線管		1	式			別紙明細
金属ダクト・トラフ		1	式			別紙明細
ケーブルラック		1	式			別紙明細
ボックス類		1	式			別紙明細
支持材		1	式			別紙明細
防火区画貫通処理等		1	式			別紙明細
接地工事		1	式			別紙明細
塗装工事		1	式			別紙明細
搬入費		1	式			別紙明細

公共建築工事内訳書標準書式（設備工事編）　　電気設備

（細目別内訳）　　　　　　　　※印は、改修工事等の際に必要となる項目の例を示す。

名　　称	摘　要	数量	単位	単価	金　額	備　考
搬出費		1	式			別紙明細※
据付費		1	式			別紙明細
試験調整費		1	式			別紙明細
諸経費		1	式			別紙明細
直接仮設	養生、足場等	1	式			別紙明細※
はつり工事		1	式			別紙明細※
取外し再取付け		1	式			別紙明細※
撤去		1	式			別紙明細※
計						
発電設備						
自家発電（原動機）						
発電装置	定格、電気方式		台			
発電機盤	盤名称		面			
補機盤	盤名称		面			
始動装置	方式		台			
主燃料槽	記号		基			
燃料小出槽	記号		基			
乾燥砂			㎥			
給油ボックス	形式		台			
消音器	仕様、dB		台			
燃料ポンプ	定格出力		台			
給気ダクト工事		1	式			別紙明細
換気ダクト工事		1	式			別紙明細
排気ダクト工事		1	式			別紙明細
燃料配管工事		1	式			別紙明細
排気配管工事		1	式			別紙明細
機器間ケーブル工事		1	式			別紙明細

公共建築工事内訳書標準書式（設備工事編）　　電気設備

（細目別内訳）　　　　　　　　　※印は、改修工事等の際に必要となる項目の例を示す。

名　　称	摘　　要	数　量	単位	単価	金　　額	備　　考
チェーンブロック		1	式			別紙明細
電線		1	式			別紙明細
ケーブル		1	式			別紙明細
電線管		1	式			別紙明細
金属ダクト・トラフ		1	式			別紙明細
ケーブルラック		1	式			別紙明細
ボックス類		1	式			別紙明細
支持材		1	式			別紙明細
防火区画貫通処理等		1	式			別紙明細
接地工事		1	式			別紙明細
塗装工事		1	式			別紙明細
搬入費		1	式			別紙明細
搬出費		1	式			別紙明細※
基礎		1	式			別紙明細
土工事		1	式			別紙明細
据付費		1	式			別紙明細
試験調整費		1	式			別紙明細
諸経費		1	式			別紙明細
直接仮設	養生、足場等	1	式			別紙明細※
はつり工事		1	式			別紙明細※
取外し再取付け		1	式			別紙明細※
撤去		1	式			別紙明細※
計						
燃料電池発電						
燃料電池発電装置	定格、電気方式		台			
電線		1	式			別紙明細
ケーブル		1	式			別紙明細

29

公共建築工事内訳書標準書式（設備工事編）　　電気設備

（細目別内訳）　　　　　　　※印は、改修工事等の際に必要となる項目の例を示す。

名　　称	摘　要	数　量	単位	単価	金　額	備　考
電線管		1	式			別紙明細
金属ダクト・トラフ		1	式			別紙明細
ケーブルラック		1	式			別紙明細
ボックス類		1	式			別紙明細
支持材		1	式			別紙明細
防火区画貫通処理等		1	式			別紙明細
接地工事		1	式			別紙明細
塗装工事		1	式			別紙明細
搬入費		1	式			別紙明細
搬出費		1	式			別紙明細※
据付費		1	式			別紙明細
試験調整費		1	式			別紙明細
諸経費		1	式			別紙明細
直接仮設	養生、足場等	1	式			別紙明細※
はつり工事		1	式			別紙明細※
取外し再取付け		1	式			別紙明細※
撤去		1	式			別紙明細※
計						
太陽光発電						
太陽電池	出力	1	式			別紙明細
架台		1	式			別紙明細
パワーコンディショナ	形式、容量		台			
表示装置	表示方式、サイズ		台			
データ収集装置			台			
接続箱		1	式			別紙明細
変換器箱		1	式			別紙明細
計測機器		1	式			別紙明細

公共建築工事内訳書標準書式（設備工事編）　　電気設備

（細目別内訳）　　　　　　　※印は、改修工事等の際に必要となる項目の例を示す。

名　称	摘　要	数　量	単位	単価	金　額	備　考
機器間ケーブル工事		1	式			別紙明細
電線		1	式			別紙明細
ケーブル		1	式			別紙明細
電線管		1	式			別紙明細
ケーブルラック		1	式			別紙明細
ボックス類		1	式			別紙明細
防火区画貫通処理等		1	式			別紙明細
接地工事		1	式			別紙明細
塗装工事		1	式			別紙明細
搬入費		1	式			別紙明細
搬出費		1	式			別紙明細※
据付費		1	式			別紙明細
試験調整費		1	式			別紙明細
諸経費		1	式			別紙明細
直接仮設	養生、足場等	1	式			別紙明細※
はつり工事		1	式			別紙明細※
取外し再取付け		1	式			別紙明細※
撤去		1	式			別紙明細※
計						
風力発電						
風車発電装置	形式、出力		基			
制御装置	形式		台			
支持構造物	仕様、寸法		基			
電線		1	式			別紙明細
ケーブル		1	式			別紙明細
電線管		1	式			別紙明細
金属ダクト・トラフ		1	式			別紙明細

公共建築工事内訳書標準書式（設備工事編）　　電気設備

（細目別内訳）　　　　　　　　　※印は、改修工事等の際に必要となる項目の例を示す。

名　称	摘　要	数量	単位	単価	金　額	備　考
ケーブルラック		1	式			別紙明細
ボックス類		1	式			別紙明細
支持材		1	式			別紙明細
防火区画貫通処理等		1	式			別紙明細
接地工事		1	式			別紙明細
塗装工事		1	式			別紙明細
基礎		1	式			別紙明細
据付費		1	式			別紙明細
試験調整費		1	式			別紙明細
諸経費		1	式			別紙明細
直接仮設	養生、足場等	1	式			別紙明細※
はつり工事		1	式			別紙明細※
取外し再取付け		1	式			別紙明細※
撤去		1	式			別紙明細※
計						
構内情報通信網設備						
機器収納架	仕様、収納機器		台			
幹線用スイッチ	仕様		台			
ルータ	仕様		台			
メディアコンバータ	仕様		台			
ファイヤーウォール	仕様		台			
支線用スイッチ	仕様		台			
フロア用スイッチ	仕様		台			
無線アクセスポイント	仕様		台			
光成端箱			個			
ネットワーク管理装置			台			
電源装置	容量		台			

（細目別内訳）　　　　　　　　※印は、改修工事等の際に必要となる項目の例を示す。

名　称	摘　要	数量	単位	単価	金　額	備　考
ソフトウェア		1	式			
情報用アウトレット		1	式			別紙明細
二重床用情報用アウトレット		1	式			別紙明細
ケーブル		1	式			別紙明細
電線管		1	式			別紙明細
金属ダクト・トラフ		1	式			別紙明細
ケーブルラック		1	式			別紙明細
ボックス類		1	式			別紙明細
支持材		1	式			別紙明細
防火区画貫通処理等		1	式			別紙明細
接地工事		1	式			別紙明細
塗装工事		1	式			別紙明細
据付費		1	式			別紙明細
試験調整費		1	式			別紙明細
諸経費		1	式			別紙明細
直接仮設	養生、足場等	1	式			別紙明細※
はつり工事		1	式			別紙明細※
取外し再取付け		1	式			別紙明細※
撤去		1	式			別紙明細※
計						
構内交換設備						
交換装置	方式、局線数、内線数		台			
局線中継台	形式		台			
本配線盤	形式、実装数		面			
電源装置	形式		台			
局線表示盤	形式、窓数		面			
料金課金装置	形式		台			

公共建築工事内訳書標準書式（設備工事編）　　電気設備

（細目別内訳）　　　　　　　　※印は、改修工事等の際に必要となる項目の例を示す。

名　称	摘　要	数　量	単位	単価	金　額	備　考
一般電話機	仕様		台			
多機能電話機	仕様		台			
デジタルコードレス電話機	仕様		台			
端子盤	盤名称		面			
接地端子箱	記号		個			
端子接続		1	式			別紙明細
電話用アウトレット		1	式			別紙明細
二重床用電話用アウトレット		1	式			別紙明細
電線		1	式			別紙明細
ケーブル		1	式			別紙明細
電線管		1	式			別紙明細
金属ダクト・トラフ		1	式			別紙明細
ケーブルラック		1	式			別紙明細
ボックス類		1	式			別紙明細
支持材		1	式			別紙明細
防火区画貫通処理等		1	式			別紙明細
接地工事		1	式			別紙明細
塗装工事		1	式			別紙明細
据付費		1	式			別紙明細
試験調整費		1	式			別紙明細
諸経費		1	式			別紙明細
直接仮設	養生、足場等	1	式			別紙明細※
はつり工事		1	式			別紙明細※
取外し再取付け		1	式			別紙明細※
撤去		1	式			別紙明細※
計						

（細目別内訳）　　　　　　　　※印は、改修工事等の際に必要となる項目の例を示す。

名　　称	摘　要	数　量	単位	単価	金　　額	備　考
情報表示設備						
マルチサイン						
情報表示盤	記号、画面サイズ		面			
操作制御装置	形式		台			
端子盤	盤名称		面			
端子接続		1	式			別紙明細
配線器具		1	式			別紙明細
電線		1	式			別紙明細
ケーブル		1	式			別紙明細
電線管		1	式			別紙明細
金属ダクト・トラフ		1	式			別紙明細
ケーブルラック		1	式			別紙明細
ボックス類		1	式			別紙明細
支持材		1	式			別紙明細
防火区画貫通処理等		1	式			別紙明細
接地工事		1	式			別紙明細
塗装工事		1	式			別紙明細
据付費		1	式			別紙明細
試験調整費		1	式			別紙明細
諸経費		1	式			別紙明細
直接仮設	養生、足場等	1	式			別紙明細※
はつり工事		1	式			別紙明細※
取外し再取付け		1	式			別紙明細※
撤去		1	式			別紙明細※
計						
出退表示						
出退表示盤	記号		面			

35

公共建築工事内訳書標準書式（設備工事編）　　電気設備

（細目別内訳）　　　　　　　　　※印は、改修工事等の際に必要となる項目の例を示す。

名　　称	摘　要	数量	単位	単価	金　額	備　考
制御装置	形式		台			
発信器	記号		個			
端子盤	盤名称		面			
端子接続		1	式			別紙明細
配線器具		1	式			別紙明細
電線		1	式			別紙明細
ケーブル		1	式			別紙明細
電線管		1	式			別紙明細
金属ダクト・トラフ		1	式			別紙明細
ケーブルラック		1	式			別紙明細
ボックス類		1	式			別紙明細
支持材		1	式			別紙明細
防火区画貫通処理等		1	式			別紙明細
接地工事		1	式			別紙明細
塗装工事		1	式			別紙明細
施工費		1	式			別紙明細
直接仮設	養生、足場等	1	式			別紙明細※
はつり工事		1	式			別紙明細※
取外し再取付け		1	式			別紙明細※
撤去		1	式			別紙明細※
計						
時刻表示						
親時計	記号		台			
アナログ子時計	記号		個			
デジタル子時計	記号		個			
電波受信アンテナ	形式		個			
端子盤	盤名称		面			

（細目別内訳）　　　　　　　　　※印は、改修工事等の際に必要となる項目の例を示す。

名　称	摘　要	数　量	単位	単価	金　額	備　考
端子接続		1	式			別紙明細
配線器具		1	式			別紙明細
電線		1	式			別紙明細
ケーブル		1	式			別紙明細
電線管		1	式			別紙明細
金属ダクト・トラフ		1	式			別紙明細
ケーブルラック		1	式			別紙明細
ボックス類		1	式			別紙明細
支持材		1	式			別紙明細
防火区画貫通処理等		1	式			別紙明細
接地工事		1	式			別紙明細
塗装工事		1	式			別紙明細
施工費		1	式			別紙明細
直接仮設	養生、足場等	1	式			別紙明細※
はつり工事		1	式			別紙明細※
取外し再取付け		1	式			別紙明細※
撤去		1	式			別紙明細※
計						
映像・音響設備						
ＡＶ機器収納架	仕様、収納機器		台			
ＡＶ操作卓	仕様、収納機器		台			
プロジェクタ	記号		台			
スクリーン	記号		台			
電動昇降装置			台			
書画カメラ	形式		台			
カラーモニタ	形式、表示方式、画面サイズ		台			
配線接続盤	形式		面			

公共建築工事内訳書標準書式（設備工事編）　　電気設備

（細目別内訳）　　　　　　　※印は、改修工事等の際に必要となる項目の例を示す。

名　　称	摘　要	数　量	単位	単価	金　額	備　考
マイクロホン	形式		個			
集合形スピーカ	記号、形式		個			
天井形スピーカ	記号		個			
ワイヤレスアンテナ	形式		個			
カットリレー盤	仕様		面			
端子盤	盤名称		面			
配線器具		1	式			別紙明細
端子接続		1	式			別紙明細
機器間ケーブル工事		1	式			別紙明細
電線		1	式			別紙明細
ケーブル		1	式			別紙明細
電線管		1	式			別紙明細
金属ダクト・トラフ		1	式			別紙明細
ケーブルラック		1	式			別紙明細
ボックス類		1	式			別紙明細
支持材		1	式			別紙明細
防火区画貫通処理等		1	式			別紙明細
接地工事		1	式			別紙明細
塗装工事		1	式			別紙明細
据付費		1	式			別紙明細
試験調整費		1	式			別紙明細
諸経費		1	式			別紙明細
直接仮設	養生、足場等	1	式			別紙明細※
はつり工事		1	式			別紙明細※
取外し再取付け		1	式			別紙明細※
撤去		1	式			別紙明細※
計						

公共建築工事内訳書標準書式（設備工事編）　　電気設備

（細目別内訳）　　　　　　　※印は、改修工事等の際に必要となる項目の例を示す。

名　　称	摘　要	数　量	単位	単価	金　　額	備　考
拡声設備						
一般・非常業務放送架	形式、出力、収納機器		台			
リモコンマイク	出力制御数		個			
スピーカ	記号		個			
ラジオ用アンテナ	形式		個			
アッテネータ	記号		面			
端子盤	盤名称		面			
端子接続		1	式			別紙明細
電線		1	式			別紙明細
ケーブル		1	式			別紙明細
電線管		1	式			別紙明細
金属ダクト・トラフ		1	式			別紙明細
ケーブルラック		1	式			別紙明細
ボックス類		1	式			別紙明細
支持材		1	式			別紙明細
防火区画貫通処理等		1	式			別紙明細
接地工事		1	式			別紙明細
塗装工事		1	式			別紙明細
施工費		1	式			別紙明細
直接仮設	養生、足場等	1	式			別紙明細※
はつり工事		1	式			別紙明細※
取外し再取付け		1	式			別紙明細※
撤去		1	式			別紙明細※
計						
誘導支援設備						
音声誘導						
制御装置	形式		台			

39

公共建築工事内訳書標準書式（設備工事編）　　電気設備

（細目別内訳）　　　　　　　　　※印は、改修工事等の際に必要となる項目の例を示す。

名　称	摘　要	数量	単位	単価	金　額	備　考
検出装置	形式		台			
スピーカ	記号		個			
端子盤	盤名称		面			
電線		1	式			別紙明細
ケーブル		1	式			別紙明細
端子接続		1	式			別紙明細
配線器具		1	式			別紙明細
電線管		1	式			別紙明細
金属ダクト・トラフ		1	式			別紙明細
ケーブルラック		1	式			別紙明細
ボックス類		1	式			別紙明細
支持材		1	式			別紙明細
防火区画貫通処理等		1	式			別紙明細
接地工事		1	式			別紙明細
塗装工事		1	式			別紙明細
据付費		1	式			別紙明細
試験調整費		1	式			別紙明細
諸経費		1	式			別紙明細
直接仮設	養生、足場等	1	式			別紙明細※
はつり工事		1	式			別紙明細※
取外し再取付け		1	式			別紙明細※
撤去		1	式			別紙明細※
計						
インターホン						
テレビインターホン	方式、仕様		台			
外部受付用インターホン	仕様		台			
電源装置	仕様		個			

公共建築工事内訳書標準書式（設備工事編）　　電気設備

（細目別内訳）　　　　　　　※印は、改修工事等の際に必要となる項目の例を示す。

名　　称	摘　　要	数　量	単位	単価	金　　額	備　　考
端子盤	盤名称		面			
電線		1	式			別紙明細
ケーブル		1	式			別紙明細
端子接続		1	式			別紙明細
配線器具		1	式			別紙明細
電線管		1	式			別紙明細
金属ダクト・トラフ		1	式			別紙明細
ケーブルラック		1	式			別紙明細
ボックス類		1	式			別紙明細
支持材		1	式			別紙明細
防火区画貫通処理等		1	式			別紙明細
接地工事		1	式			別紙明細
塗装工事		1	式			別紙明細
直接仮設	養生、足場等	1	式			別紙明細※
はつり工事		1	式			別紙明細※
取外し再取付け		1	式			別紙明細※
撤去		1	式			別紙明細※
計						
トイレ等呼出						
呼出表示器	形式、窓数		台			
端子盤	盤名称		面			
呼出表示灯		1	式			別紙明細
呼出・復帰ボタン		1	式			別紙明細
電線		1	式			別紙明細
ケーブル		1	式			別紙明細
端子接続		1	式			別紙明細
電線管		1	式			別紙明細

公共建築工事内訳書標準書式（設備工事編）　　電気設備

（細目別内訳）　　　　　　　※印は、改修工事等の際に必要となる項目の例を示す。

名　　称	摘　要	数量	単位	単価	金　額	備　考
金属ダクト・トラフ		1	式			別紙明細
ケーブルラック		1	式			別紙明細
ボックス類		1	式			別紙明細
支持材		1	式			別紙明細
防火区画貫通処理等		1	式			別紙明細
接地工事		1	式			別紙明細
塗装工事		1	式			別紙明細
直接仮設	養生、足場等	1	式			別紙明細※
はつり工事		1	式			別紙明細※
取外し再取付け		1	式			別紙明細※
撤去		1	式			別紙明細※
計						
テレビ共同受信設備						
テレビアンテナ	記号		組			
パラボラアンテナ	記号		組			
アンテナマスト	記号、形式		基			
増幅器	記号		個			
混合（分波）器	記号		個			
分岐器	記号		個			
分配器	記号		個			
機器収容箱	記号		個			
直列ユニット		1	式			別紙明細
テレビ端子		1	式			別紙明細
電線		1	式			別紙明細
ケーブル		1	式			別紙明細
電線管		1	式			別紙明細
金属ダクト・トラフ		1	式			別紙明細

公共建築工事内訳書標準書式（設備工事編）　　電気設備

（細目別内訳）　　　　　　　　※印は、改修工事等の際に必要となる項目の例を示す。

名　称	摘　要	数量	単位	単価	金　額	備　考
ケーブルラック		1	式			別紙明細
ボックス類		1	式			別紙明細
支持材		1	式			別紙明細
防火区画貫通処理等		1	式			別紙明細
接地工事		1	式			別紙明細
塗装工事		1	式			別紙明細
直接仮設	養生、足場等	1	式			別紙明細※
はつり工事		1	式			別紙明細※
取外し再取付け		1	式			別紙明細※
撤去		1	式			別紙明細※
計						
監視カメラ設備						
監視カメラ装置架	仕様、収納機器		台			
モニタ装置	形式、表示方式、画面サイズ		台			
録画装置	種別、容量		台			
カメラ操作器	形式		台			
カメラ	形式		台			
端子盤	盤名称		面			
端子接続		1	式			別紙明細
電線		1	式			別紙明細
ケーブル		1	式			別紙明細
電線管		1	式			別紙明細
金属ダクト・トラフ		1	式			別紙明細
ケーブルラック		1	式			別紙明細
ボックス類		1	式			別紙明細
支持材		1	式			別紙明細
防火区画貫通処理等		1	式			別紙明細

公共建築工事内訳書標準書式（設備工事編）　　電気設備

（細目別内訳）　　　　　　　※印は、改修工事等の際に必要となる項目の例を示す。

名　　称	摘　　要	数　量	単位	単価	金　　額	備　考
接地工事		1	式			別紙明細
塗装工事		1	式			別紙明細
据付費		1	式			別紙明細
試験調整費		1	式			別紙明細
諸経費		1	式			別紙明細
直接仮設	養生、足場等	1	式			別紙明細※
はつり工事		1	式			別紙明細※
取外し再取付け		1	式			別紙明細※
撤去		1	式			別紙明細※
計						
駐車場管制設備						
管制盤	形式		面			
ループコイル式検知器	記号		個			
光線式検知器	記号		組			
信号灯	記号		台			
警報灯	記号		台			
発券機	形式		台			
カーゲート	記号		台			
カードリーダ	形式		台			
端子盤	盤名称		面			
端子接続		1	式			別紙明細
電線		1	式			別紙明細
ケーブル		1	式			別紙明細
電線管		1	式			別紙明細
金属ダクト・トラフ		1	式			別紙明細
ケーブルラック		1	式			別紙明細
ボックス類		1	式			別紙明細

公共建築工事内訳書標準書式（設備工事編）　　電気設備

（細目別内訳）　　　　　　※印は、改修工事等の際に必要となる項目の例を示す。

名　　称	摘　　要	数　量	単位	単価	金　　額	備　　考
支持材		1	式			別紙明細
防火区画貫通処理等		1	式			別紙明細
接地工事		1	式			別紙明細
塗装工事		1	式			別紙明細
基礎		1	式			別紙明細
土工事		1	式			別紙明細
据付費		1	式			別紙明細
試験調整費		1	式			別紙明細
諸経費		1	式			別紙明細
直接仮設	養生、足場等	1	式			別紙明細※
はつり工事		1	式			別紙明細※
取外し再取付け		1	式			別紙明細※
撤去		1	式			別紙明細※
計						
防犯・入退室管理設備						
防犯						
警報制御装置	形式		台			
操作装置	形式		台			
カードリーダ	形式		台			
マグネットセンサ	形式		個			
赤外線センサ	形式		個			
パッシブセンサ	形式		個			
画像センサ	形式		個			
ガラスセンサ	形式		個			
カード			枚			
端子盤	盤名称		面			
端子接続		1	式			別紙明細

公共建築工事内訳書標準書式（設備工事編）　　電気設備

（細目別内訳）　　　　　　　　　※印は、改修工事等の際に必要となる項目の例を示す。

名　　称	摘　要	数　量	単位	単価	金　額	備　考
電線		1	式			別紙明細
ケーブル		1	式			別紙明細
電線管		1	式			別紙明細
金属ダクト・トラフ		1	式			別紙明細
ケーブルラック		1	式			別紙明細
ボックス類		1	式			別紙明細
支持材		1	式			別紙明細
防火区画貫通処理等		1	式			別紙明細
接地工事		1	式			別紙明細
塗装工事		1	式			別紙明細
据付費		1	式			別紙明細
試験調整費		1	式			別紙明細
諸経費		1	式			別紙明細
直接仮設	養生、足場等	1	式			別紙明細※
はつり工事		1	式			別紙明細※
取外し再取付け		1	式			別紙明細※
撤去		1	式			別紙明細※
計						
入退室管理						
制御装置	形式		台			
端末装置	形式		台			
鍵管理装置	形式		台			
電気錠制御盤	形式		面			
セキュリティーゲート	形式		台			
ゲート制御装置	形式		台			
記録装置	形式		台			
バイオメトリックス照合装置	形式		台			

公共建築工事内訳書標準書式（設備工事編）　　電気設備

（細目別内訳）　　　　　　※印は、改修工事等の際に必要となる項目の例を示す。

名　　称	摘　要	数 量	単位	単価	金　額	備　考
カードリーダ	形式		台			
カード			枚			
端子盤	盤名称		面			
端子接続		1	式			別紙明細
電線		1	式			別紙明細
ケーブル		1	式			別紙明細
電線管		1	式			別紙明細
金属ダクト・トラフ		1	式			別紙明細
ケーブルラック		1	式			別紙明細
ボックス類		1	式			別紙明細
支持材		1	式			別紙明細
防火区画貫通処理等		1	式			別紙明細
接地工事		1	式			別紙明細
塗装工事		1	式			別紙明細
据付費		1	式			別紙明細
試験調整費		1	式			別紙明細
諸経費		1	式			別紙明細
直接仮設	養生、足場等	1	式			別紙明細※
はつり工事		1	式			別紙明細※
取外し再取付け		1	式			別紙明細※
撤去		1	式			別紙明細※
計						
火災報知設備						
自動火災報知						
受信機	形式、回線数		面			
副受信機	形式、回線数		面			
中継器盤	盤名称		面			

公共建築工事内訳書標準書式（設備工事編）　　電気設備

（細目別内訳）　　　　　　　　※印は、改修工事等の際に必要となる項目の例を示す。

名　　称	摘　要	数　量	単位	単価	金　額	備　考
熱感知器	形式		個			
煙感知器	形式		個			
炎感知器	形式		個			
複合式感知器	形式		個			
回路試験器	形式		個			
機器収容箱	形式		個			
端子盤	盤名称		面			
発信機		1	式			別紙明細
警報ベル		1	式			別紙明細
表示灯		1	式			別紙明細
移報器		1	式			別紙明細
端子接続		1	式			別紙明細
電線		1	式			別紙明細
ケーブル		1	式			別紙明細
電線管		1	式			別紙明細
金属ダクト・トラフ		1	式			別紙明細
ケーブルラック		1	式			別紙明細
ボックス類		1	式			別紙明細
支持材		1	式			別紙明細
防火区画貫通処理等		1	式			別紙明細
接地工事		1	式			別紙明細
塗装工事		1	式			別紙明細
施工費		1	式			別紙明細
立会検査		1	式			別紙明細
直接仮設	養生、足場等	1	式			別紙明細※
はつり工事		1	式			別紙明細※
取外し再取付け		1	式			別紙明細※

公共建築工事内訳書標準書式（設備工事編）　　電気設備

（細目別内訳）　　　　　　　※印は、改修工事等の際に必要となる項目の例を示す。

名　　称	摘　　要	数　量	単位	単価	金　　額	備　　考
撤去		1	式			別紙明細※
計						
自動閉鎖						
連動制御盤	形式、回線数		面			
自動閉鎖装置	種別		個			
煙感知器	形式		個			
端子盤	盤名称		面			
電子ブザー		1	式			別紙明細
連動機器等接続		1	式			別紙明細
端子接続		1	式			別紙明細
電線		1	式			別紙明細
ケーブル		1	式			別紙明細
電線管		1	式			別紙明細
金属ダクト・トラフ		1	式			別紙明細
ケーブルラック		1	式			別紙明細
ボックス類		1	式			別紙明細
支持材		1	式			別紙明細
防火区画貫通処理等		1	式			別紙明細
接地工事		1	式			別紙明細
塗装工事		1	式			別紙明細
施工費		1	式			別紙明細
立会検査		1	式			別紙明細
直接仮設	養生、足場等	1	式			別紙明細※
はつり工事		1	式			別紙明細※
取外し再取付け		1	式			別紙明細※
撤去		1	式			別紙明細※
計						

公共建築工事内訳書標準書式（設備工事編）　　電気設備

（細目別内訳）　　　　　　　　※印は、改修工事等の際に必要となる項目の例を示す。

名　称	摘　要	数　量	単位	単　価	金　額	備　考
非常警報						
操作装置	形式、回線数		個			
複合装置	形式		個			
端子盤	盤名称		面			
非常ベル		1	式			別紙明細
表示灯		1	式			別紙明細
起動装置		1	式			別紙明細
端子接続		1	式			別紙明細
電線		1	式			別紙明細
ケーブル		1	式			別紙明細
電線管		1	式			別紙明細
金属ダクト・トラフ		1	式			別紙明細
ケーブルラック		1	式			別紙明細
ボックス類		1	式			別紙明細
支持材		1	式			別紙明細
防火区画貫通処理等		1	式			別紙明細
接地工事		1	式			別紙明細
塗装工事		1	式			別紙明細
直接仮設	養生、足場等	1	式			別紙明細※
はつり工事		1	式			別紙明細※
取外し再取付け		1	式			別紙明細※
撤去		1	式			別紙明細※
計						
ガス漏れ火災警報						
ガス漏れ受信機	形式、回線数		面			
ガス漏れ副受信機	形式、回線数		面			
ガス漏れ中継器	形式、回線数		個			

公共建築工事内訳書標準書式（設備工事編）　　電気設備

（細目別内訳）　　　　　　　　※印は、改修工事等の際に必要となる項目の例を示す。

名　　　称	摘　　要	数　量	単位	単価	金　　額	備　　考
ガス漏れ検知器	ガス種別、電圧		個			
端子盤	盤名称		面			
ガス漏れ表示灯		1	式			別紙明細
端子接続		1	式			別紙明細
電線		1	式			別紙明細
ケーブル		1	式			別紙明細
電線管		1	式			別紙明細
金属ダクト・トラフ		1	式			別紙明細
ケーブルラック		1	式			別紙明細
ボックス類		1	式			別紙明細
支持材		1	式			別紙明細
防火区画貫通処理等		1	式			別紙明細
接地工事		1	式			別紙明細
塗装工事		1	式			別紙明細
施工費		1	式			別紙明細
直接仮設	養生、足場等	1	式			別紙明細※
はつり工事		1	式			別紙明細※
取外し再取付け		1	式			別紙明細※
撤去		1	式			別紙明細※
計						
中央監視制御設備						
警報盤	形式、窓数		面			
監視操作装置	形式		台			
グラフィックパネル	形式		台			
信号処理装置	形式		台			
電源装置	容量		台			
記録装置	形式		台			

公共建築工事内訳書標準書式（設備工事編）　　電気設備

（細目別内訳）　　　　　　　※印は、改修工事等の際に必要となる項目の例を示す。

名　　称	摘　要	数　量	単位	単価	金　額	備　考
伝送装置親局	名称		台			
伝送装置子局	名称		台			
ソフトウェア		1	式			
機器間ケーブル工事		1	式			別紙明細
電線		1	式			別紙明細
ケーブル		1	式			別紙明細
電線管		1	式			別紙明細
金属ダクト・トラフ		1	式			別紙明細
ケーブルラック		1	式			別紙明細
ボックス類		1	式			別紙明細
支持材		1	式			別紙明細
防火区画貫通処理等		1	式			別紙明細
接地工事		1	式			別紙明細
塗装工事		1	式			別紙明細
基礎		1	式			別紙明細
据付費		1	式			別紙明細
試験調整費		1	式			別紙明細
諸経費		1	式			別紙明細
直接仮設	養生、足場等	1	式			別紙明細※
はつり工事		1	式			別紙明細※
取外し再取付け		1	式			別紙明細※
撤去		1	式			別紙明細※
計						
発生材処理						※
発生材積込	種類、積込方法	（1	m³ t 式）			※
発生材運搬	種類、運搬車の種別、運搬距離	（1	m³ t 式）			※

公共建築工事内訳書標準書式（設備工事編）　　電気設備

（細目別内訳）　　　　　　　　※印は、改修工事等の際に必要となる項目の例を示す。

名　　称	摘　　要	数　量	単位	単価	金　　額	備　　考
発生材処分	種類、処分場所	（1	m³ t 式）			※
計						
屋外						
構内配電線路						
電力引込み						
高圧引込用負荷開閉器	仕様		台			
開閉器箱	名称		個			
マンホール	記号		基			
ハンドホール	記号		基			
電柱	仕様、寸法		本			
配線器具		1	式			別紙明細
装柱材		1	式			別紙明細
支線		1	式			別紙明細
メッセンジャワイヤ		1	式			別紙明細
保護管		1	式			別紙明細
地中線埋設標識		1	式			別紙明細
防水鋳鉄管		1	式			別紙明細
電線		1	式			別紙明細
ケーブル		1	式			別紙明細
ケーブルラック		1	式			別紙明細
ボックス類		1	式			別紙明細
接地工事		1	式			別紙明細
運搬費		1	式			別紙明細
基礎		1	式			別紙明細
土工事		1	式			別紙明細
直接仮設	養生、足場等	1	式			別紙明細※
はつり工事		1	式			別紙明細※

公共建築工事内訳書標準書式（設備工事編）　　電気設備

（細目別内訳）　　　　　　　　※印は、改修工事等の際に必要となる項目の例を示す。

名　　称	摘　要	数量	単位	単価	金　額	備　考
取外し再取付け		1	式			別紙明細※
撤去		1	式			別紙明細※
計						
外灯						
ＬＥＤ照明器具	記号		灯			
ＨＩＤ灯	記号		灯			
ハンドホール	記号		基			
配線器具		1	式			別紙明細
保護管		1	式			別紙明細
地中線埋設標識		1	式			別紙明細
電線		1	式			別紙明細
ケーブル		1	式			別紙明細
接地工事		1	式			別紙明細
土工事		1	式			別紙明細
基礎		1	式			別紙明細
直接仮設	養生、足場等	1	式			別紙明細※
はつり工事		1	式			別紙明細※
取外し再取付け		1	式			別紙明細※
撤去		1	式			別紙明細※
計						
構内通信線路						
通信引込み						
マンホール	記号		基			
ハンドホール	記号		基			
電柱	仕様、寸法		本			
保安器		1	式			別紙明細

54

公共建築工事内訳書標準書式（設備工事編）　　電気設備

（細目別内訳）　　　　　　　　※印は、改修工事等の際に必要となる項目の例を示す。

名　　称	摘　　要	数　量	単位	単価	金　　額	備　　考
装柱材		1	式			別紙明細
支線		1	式			別紙明細
メッセンジャワイヤ		1	式			別紙明細
保護管		1	式			別紙明細
地中線埋設標識		1	式			別紙明細
防水鋳鉄管		1	式			別紙明細
電線		1	式			別紙明細
ケーブル		1	式			別紙明細
ケーブルラック		1	式			別紙明細
ボックス類		1	式			別紙明細
接地工事		1	式			別紙明細
運搬費		1	式			別紙明細
土工事		1	式			別紙明細
直接仮設	養生、足場等	1	式			別紙明細※
はつり工事		1	式			別紙明細※
取外し再取付け		1	式			別紙明細※
撤去		1	式			別紙明細※
計						
通信						
屋外カメラ	形式、ハウジング		台			
屋外時計	形式		台			
屋外スピーカ	形式		台			
ハンドホール	記号		基			
取付ポール	仕様、寸法		本			
保護管		1	式			別紙明細
地中線埋設標識		1	式			別紙明細
電線		1	式			別紙明細

公共建築工事内訳書標準書式（設備工事編）　　電気設備

（細目別内訳）　　　　　　　※印は、改修工事等の際に必要となる項目の例を示す。

名　　称	摘　要	数　量	単位	単価	金　　額	備　考
ケーブル		1	式			別紙明細
ボックス類		1	式			別紙明細
接地工事		1	式			別紙明細
基礎		1	式			別紙明細
土工事		1	式			別紙明細
直接仮設	養生、足場等	1	式			別紙明細※
はつり工事		1	式			別紙明細※
取外し再取付け		1	式			別紙明細※
撤去		1	式			別紙明細※
計						
発生材処理						※
発生材積込	種類、積込方法	（1	m^3 t 式）			※
発生材運搬	種類、運搬車の種別、運搬距離	（1	m^3 t 式）			※
発生材処分	種類、処分場所	（1	m^3 t 式）			※
計						

公共建築工事内訳書標準書式（設備工事編）　　電気設備

（細目別内訳）　　　　　　　※印は、改修工事等の際に必要となる項目の例を示す。

名　称	摘　要	数量	単位	単価	金　額	備　考
テレビ電波障害防除						
テレビ電波障害防除設備						
ヘッドエンド			台			
テレビアンテナ	記号		組			
アンテナマスト	記号、形式		基			
ブレーカボックス	仕様		個			
電源供給器	仕様		個			
電源挿入器	仕様		個			
電柱	仕様、寸法		本			
増幅器	記号		個			
保安器	記号		個			
混合(分波)器	記号		個			
分岐器	記号		個			
分配器	記号		個			
機器収容箱	記号		個			
マンホール	記号		基			
ハンドホール	記号		基			
電線		1	式			別紙明細
ケーブル		1	式			別紙明細
装柱材		1	式			別紙明細
支線		1	式			別紙明細
メッセンジャワイヤ		1	式			別紙明細
保護管		1	式			別紙明細
地中線埋設標識		1	式			別紙明細
防水鋳鉄管		1	式			別紙明細
ケーブルラック		1	式			別紙明細
ボックス類		1	式			別紙明細
支持材		1	式			別紙明細

公共建築工事内訳書標準書式（設備工事編）　　電気設備

（細目別内訳）　　　　　　　※印は、改修工事等の際に必要となる項目の例を示す。

名　　称	摘　　要	数　量	単位	単価	金　　額	備　　考
接地工事		1	式			別紙明細
塗装工事		1	式			別紙明細
運搬費		1	式			別紙明細
基礎		1	式			別紙明細
土工事		1	式			別紙明細
据付費		1	式			別紙明細
試験調整費		1	式			別紙明細
諸経費		1	式			別紙明細
直接仮設	養生、足場等	1	式			別紙明細※
はつり工事		1	式			別紙明細※
取外し再取付け		1	式			別紙明細※
撤去		1	式			別紙明細※
計						

公共建築工事内訳書標準書式（設備工事編）　　機械設備

（2）　機械設備工事内訳書標準書式

公共建築工事内訳書標準書式（設備工事編）　　機械設備

（種目別内訳）

名　　称	摘　要	数　量	単位	金　額	備　考
直接工事費					
庁舎		1	式		
屋外		1	式		
計					
共通費					
共通仮設費		1	式		
現場管理費		1	式		
一般管理費等		1	式		
計					
合計（工事価格）		1	式		
消費税等相当額		1	式		
総合計（工事費）		1	式		

公共建築工事内訳書標準書式（設備工事編）　　機械設備

（科目別内訳）
※印は、改修工事等の際に必要となる項目の例を示す。
☆印の科目は独立した科目とせず、各科目の細目に振り分けて表現しても良い項目を示す。

名　　称	摘　要	数　量	単位	金　額	備　考
庁舎					
空気調和設備		1	式		
換気設備		1	式		
排煙設備		1	式		
自動制御設備		1	式		
衛生器具設備		1	式		
給水設備		1	式		
排水設備		1	式		
給湯設備		1	式		
消火設備		1	式		
ガス設備		1	式		
厨房機器設備		1	式		
雨水利用設備		1	式		
撤去工事		1	式		※☆
発生材処理		1	式		※
計					
屋外					
給水設備		1	式		
排水設備		1	式		
ガス設備		1	式		
浄化槽設備		1	式		
撤去工事		1	式		※☆
発生材処理		1	式		※
計					

公共建築工事内訳書標準書式（設備工事編）　　機械設備

（中科目別内訳）

※印は、改修工事等の際に必要となる項目の例を示す。
☆印の科目は独立した科目とせず、各科目の細目に振り分けて表現しても良い項目を示す。

科　目　名　称	中　科　目　名　称	数　量	単位	金　　額	備　　考
庁舎					
空気調和設備	機器設備	1	式		
	ダクト設備	1	式		
	配管設備	1	式		
	総合調整	1	式		
計					
換気設備	機器設備	1	式		
	ダクト設備	1	式		
	総合調整	1	式		
計					
排煙設備	機器設備	1	式		
	ダクト設備	1	式		
	総合調整	1	式		
計					
自動制御設備		1	式		
計					
衛生器具設備		1	式		
計					
給水設備		1	式		
	仮設工事	1	式		※
	注）他の設備において、仮設工事がある場合は、同様に内訳を作成する。				
計					
排水設備		1	式		
計					

63

公共建築工事内訳書標準書式（設備工事編）　　機械設備

（中科目別内訳）　　※印は、改修工事等の際に必要となる項目の例を示す。
　　　　　　　　　　☆印の科目は独立した科目とせず、各科目の細目に振り分けて表現しても良い項目を示す。

科 目 名 称	中 科 目 名 称	数 量	単位	金 　 額	備 　 考
給湯設備		1	式		
計					
消火設備	屋内消火栓設備	1	式		
	連結送水管	1	式		
	連結散水設備	1	式		
	スプリンクラー設備	1	式		
	不活性ガス消火設備	1	式		
	泡消火設備	1	式		
計					
ガス設備	都市ガス設備	1	式		
	液化石油ガス設備	1	式		
計					
厨房機器設備		1	式		
計					
雨水利用設備		1	式		
計					
撤去工事		1	式		※☆
計					※
発生材処理		1	式		※
計					※

公共建築工事内訳書標準書式（設備工事編）　　機械設備

（中科目別内訳）　　※印は、改修工事等の際に必要となる項目の例を示す。
☆印の科目は独立した科目とせず、各科目の細目に振り分けて表現しても良い項目を示す。

科 目 名 称	中 科 目 名 称	数　量	単位	金　　額	備　　考
屋外					
給水設備		1	式		
計					
排水設備		1	式		
計					
ガス設備	都市ガス設備	1	式		
	液化石油ガス設備	1	式		
計					
浄化槽設備		1	式		
計					
撤去工事		1	式		※☆
計					※
発生材処理		1	式		※
計					※

65

公共建築工事内訳書標準書式（設備工事編）　　機械設備

（細目別内訳）　　　　※印は、改修工事等の際に必要となる項目の例を示す。
　　　　　　　　　　　☆印の科目は独立した科目とせず、各科目の細目に振り分けて表現しても良い項目を示す。

名　　　称	摘　　要	数　量	単位	単価	金　　額	備　　考
庁舎						
空気調和設備						
機器設備						
鋼製ボイラー	記号、仕様等		基			
吸収冷温水機	記号、仕様等		基			
冷却塔	記号、仕様等		基			
ボイラー給水ポンプ	記号、仕様等		台			
真空給水ポンプユニット	記号、仕様等		台			
オイルポンプ	記号、仕様等		台			
冷水ポンプ	記号、仕様等		台			
温水ポンプ	記号、仕様等		台			
冷温水ポンプ	記号、仕様等		台			
冷却水ポンプ	記号、仕様等		台			
熱交換器	記号、仕様等		基			
還水タンク	記号、仕様等		基			
膨張タンク	記号、仕様等		基			
オイルタンク	記号、仕様等		基			
オイルタンク	付属品	1	式			別紙明細
オイルサービスタンク	記号、仕様等		基			
蒸気ヘッダー	記号、仕様等		基			
冷水ヘッダー	記号、仕様等		基			
温水ヘッダー	記号、仕様等		基			
冷温水ヘッダー	記号、仕様等		基			
ユニット形空気調和機	記号、仕様等		台			
ファンコイルユニット	型番、形式		台			
カセット形ファンコイルユニット	型番、形式		台			
パッケージ形空気調和機	記号、仕様等		台			
マルチパッケージ形空気調和機	記号、仕様等（屋外機）		台			
マルチパッケージ形空気調和機	記号、仕様等（屋内機）		台			
マルチパッケージ形空気調和機	付属品	1	式			
パネル形エアフィルター	記号、仕様等		台			

66

公共建築工事内訳書標準書式（設備工事編）　　機械設備

（細目別内訳）

※印は、改修工事等の際に必要となる項目の例を示す。
☆印の科目は独立した科目とせず、各科目の細目に振り分けて表現しても良い項目を示す。

名　称	摘　要	数量	単位	単価	金　額	備　考
パネル形エアフィルター	予備品	1	式			
	注）他の機器において、予備品がある場合は、同様に内訳を作成する。					
電気集じん器	記号、仕様等		台			
煙道		1	式			
ばい煙濃度計			組			
油面制御装置			組			
遠隔油量指示計			組			
電気配管配線		1	式			別紙明細
保温		1	式			別紙明細
塗装		1	式			別紙明細
文字標識等		1	式			別紙明細
搬入・据付費		1	式			別紙明細
機器用基礎		1	式			別紙明細
架台類		1	式			別紙明細
取外し再取付け		1	式			別紙明細※
	注）他の設備において、取外し再取付けがある場合は、同様に内訳を作成する。					
機器固定用アンカー		1	式			別紙明細※
直接仮設	養生、足場等	1	式			別紙明細※
	注）他の設備において、直接仮設がある場合は、同様に内訳を作成する。					
計						
ダクト設備						
長方形ダクト	板厚等		m^2			
スパイラルダクト	口径		m			
鋼板製ダクト	1.6mm		m^2			
シーリングディフューザー	記号、寸法		個			
線状吹出口	記号、寸法		個			
吸込口	記号、寸法		個			
定風量ユニット	記号、仕様等		台			
変風量ユニット	記号、仕様等		台			
風量調節ダンパー	記号、寸法		個			

67

公共建築工事内訳書標準書式（設備工事編）　　機械設備

（細目別内訳）　　　※印は、改修工事等の際に必要となる項目の例を示す。
　　　　　　　　　　　☆印の科目は独立した科目とせず、各科目の細目に振り分けて表現しても良い項目を示す。

名　称	摘　要	数量	単位	単価	金　額	備　考
防火ダンパー	記号、寸法		個			
防火防煙ダンパー	記号、寸法		個			
ピストンダンパー	記号、寸法		個			
逆流防止ダンパー	記号、寸法		個			
ベントキャップ	材質、形状、口径等		個			
温度計	形式		個			
風量測定口			個			
たわみ継手		1	式			別紙明細
消音エルボ		1	式			別紙明細
チャンバー類		1	式			別紙明細
制気口ボックス類		1	式			別紙明細
保温		1	式			別紙明細
塗装		1	式			別紙明細
防火区画貫通処理		1	式			別紙明細
スリーブ		1	式			別紙明細
あと施工アンカー		1	式			別紙明細※
ダクト分岐・閉塞		1	式			別紙明細※
	注）他の設備において、ダクト分岐・閉塞がある場合は、同様に内訳を作成する。					
清掃・洗浄等		1	式			別紙明細※
	注）他の設備において、清掃・洗浄等がある場合は、同様に内訳を作成する。					
計						
配管設備						
冷温水管	管種、接合方法、呼び径、区分		m			
冷却水管	管種、接合方法、呼び径、区分		m			
蒸気管	管種、接合方法、呼び径、区分		m			
油管	管種、接合方法、呼び径、区分		m			
補給水管	管種、接合方法、呼び径、区分		m			
ドレン管	管種、接合方法、呼び径、区分		m			
仕切弁	材質、接合方法、耐圧、呼び径		個			
バタフライ弁	材質、接合方法、耐圧、呼び径		個			

公共建築工事内訳書標準書式（設備工事編）　　機械設備

（細目別内訳）　　※印は、改修工事等の際に必要となる項目の例を示す。
　　　　　　　　　☆印の科目は独立した科目とせず、各科目の細目に振り分けて表現しても良い項目を示す。

名　　称	摘　　要	数　量	単位	単　価	金　　額	備　　考
逆止弁	材質、接合方法、耐圧、呼び径		個			
Ｙ形ストレーナー	材質、接合方法、耐圧、呼び径		個			
トラップ装置	用途、呼び径		組			
弁装置	用途、呼び径		組			
伸縮管継手	用途、形式、呼び径		個			
防振継手	材質、呼び径		個			
温度計	形式		個			
圧力計	用途		組			
瞬間流量計	形式		個			
空調用トラップ	呼び径		個			
間接排水口	呼び径		個			
冷媒管		1	式			別紙明細
合成樹脂製支持受		1	式			別紙明細
保温		1	式			別紙明細
塗装		1	式			別紙明細
架台類		1	式			別紙明細
形鋼振れ止め支持		1	式			別紙明細
防火区画貫通処理		1	式			別紙明細
スリーブ		1	式			別紙明細
デッキプレート開口切断		1	式			別紙明細
あと施工アンカー		1	式			別紙明細※
配管分岐・閉塞		1	式			別紙明細※
	注）他の設備において、配管分岐・閉塞がある場合は、同様に内訳を作成する。					
はつり補修		1	式			別紙明細※
	注）他の設備において、はつり補修がある場合は、同様に内訳を作成する。					
計						
総合調整						
総合調整費		1	式			別紙明細
計						

69

公共建築工事内訳書標準書式（設備工事編）　　機械設備

（細目別内訳）

※印は、改修工事等の際に必要となる項目の例を示す。
☆印の科目は独立した科目とせず、各科目の細目に振り分けて表現しても良い項目を示す。

名　　称	摘　　要	数量	単位	単価	金　額	備　　考
換気設備						
機器設備						
遠心送風機	記号、仕様等		台			
消音ボックス付送風機	記号、仕様等		台			
全熱交換ユニット	記号、仕様等		台			
全熱交換ユニット	予備品	1	式			
	注）他の機器において、予備品がある場合は、同様に内訳を作成する。					
圧力扇	記号、仕様等		台			
パネル形エアフィルター	記号、仕様等		台			
自動巻取形エアフィルター	記号、仕様等		台			
電気集じん器	記号、仕様等		台			
搬入・据付費		1	式			別紙明細
機器用基礎		1	式			別紙明細
計						
ダクト設備						
長方形ダクト	板厚等		m²			
スパイラルダクト	口径		m			
鋼板製ダクト	1.6㎜		m²			
吹出口	記号、寸法		個			
吸込口	記号、寸法		個			
風量調節ダンパー	記号、寸法		個			
防火ダンパー	記号、寸法		個			
防火防煙ダンパー	記号、寸法		個			
ピストンダンパー	記号、寸法		個			
逆流防止ダンパー	記号、寸法		個			
ベントキャップ	材質、形状、口径等		個			
排気フード	材質、形状、寸法		個			
グリス除去装置	形状、寸法		個			
風量測定口			個			
たわみ継手		1	式			別紙明細

70

公共建築工事内訳書標準書式（設備工事編）　　機械設備

（細目別内訳）　　※印は、改修工事等の際に必要となる項目の例を示す。
　　　　　　　　　☆印の科目は独立した科目とせず、各科目の細目に振り分けて表現しても良い項目を示す。

名　称	摘　要	数　量	単位	単　価	金　額	備　考
チャンバー類		1	式			別紙明細
制気口ボックス類		1	式			別紙明細
保温		1	式			別紙明細
塗装		1	式			別紙明細
防火区画貫通処理		1	式			別紙明細
スリーブ		1	式			別紙明細
あと施工アンカー		1	式			別紙明細※
計						
総合調整						
総合調整費		1	式			別紙明細
計						
排煙設備						
機器設備						
排煙機	記号、仕様等		台			
搬入・据付費		1	式			別紙明細
機器用基礎		1	式			別紙明細
計						
ダクト設備						
長方形ダクト	板厚		m^2			
円形ダクト	口径		m			
鋼板製ダクト	1.6㎜		m^2			
排煙口	寸法		個			
給気口	寸法		個			
防火ダンパー	記号、寸法		個			
チャンバー類		1	式			別紙明細
保温		1	式			別紙明細
塗装		1	式			別紙明細
架台類		1	式			別紙明細

71

公共建築工事内訳書標準書式（設備工事編）　　機械設備

（細目別内訳）

※印は、改修工事等の際に必要となる項目の例を示す。
☆印の科目は独立した科目とせず、各科目の細目に振り分けて表現しても良い項目を示す。

名　　称	摘　要	数　量	単位	単　価	金　　額	備　考
防火区画貫通処理		1	式			別紙明細
スリーブ		1	式			別紙明細
あと施工アンカー		1	式			別紙明細※
計						
総合調整						
総合調整費		1	式			別紙明細
計						
自動制御設備						
自動制御機器		1	式			
中央監視制御装置		1	式			
自動制御盤		1	式			
計装工事		1	式			
エンジニアリング費		1	式			
調整費		1	式			
諸経費		1	式			
計						
衛生器具設備						
大便器	記号等		組			
小便器	記号等		組			
洗面器	記号等		組			
手洗器	記号等		組			
掃除流し	記号等		組			
鏡	寸法		枚			
化粧棚	寸法		個			
水石けん入れ	形式		個			
大便器ユニット	仕様等		組			
小便器ユニット	仕様等		組			
洗面器ユニット	仕様等		組			

公共建築工事内訳書標準書式（設備工事編）　　機械設備

（細目別内訳）
※印は、改修工事等の際に必要となる項目の例を示す。
☆印の科目は独立した科目とせず、各科目の細目に振り分けて表現しても良い項目を示す。

名　称	摘　要	数　量	単位	単価	金　額	備　考
壁掛形汚物流しユニット	仕様等		組			
浴室ユニット	仕様等		組			
計						
給水設備						
給水設備						
受水タンク	記号、仕様等		基			
高置タンク	記号、仕様等		基			
揚水ポンプ	記号、仕様等		台			
給水管	管種、接合方法、呼び径、区分		m			
仕切弁	材質、接合方法、耐圧、呼び径		個			
バタフライ弁	材質、接合方法、耐圧、呼び径		個			
逆止弁	材質、接合方法、耐圧、呼び径		個			
水栓	種類、呼び径		個			
定水位調整弁	呼び径		組			
ボールタップ	呼び径		個			
電極棒	極数		組			
量水器	方式、呼び径		個			
弁装置	用途、呼び径		組			
フレキシブルジョイント	材質、呼び径		個			
防振継手	材質、呼び径		個			
保温		1	式			別紙明細
塗装		1	式			別紙明細
文字標識等		1	式			別紙明細
搬入・据付費		1	式			別紙明細
機器用基礎		1	式			別紙明細
架台類		1	式			別紙明細
形鋼振れ止め支持		1	式			別紙明細
スリーブ		1	式			別紙明細
デッキプレート開口切断		1	式			別紙明細

公共建築工事内訳書標準書式（設備工事編）　　機械設備

（細目別内訳）
※印は、改修工事等の際に必要となる項目の例を示す。
☆印の科目は独立した科目とせず、各科目の細目に振り分けて表現しても良い項目を示す。

名　　称	摘　　要	数　量	単位	単価	金　　額	備　考
あと施工アンカー		1	式			別紙明細※
計						
仮設工事						※
小形給水ポンプユニット	記号、仕様等		台			※
給水管	管種、接合方法、呼び径、区分		m			※
仕切弁	材質、接合方法、耐圧、呼び径		個			※
保温		1	式			別紙明細※
塗装		1	式			別紙明細※
搬入・据付費		1	式			別紙明細※
機器用基礎		1	式			別紙明細※
計						※
排水設備						
汚物用水中ポンプ	記号、仕様等		台			
汚水用水中ポンプ	記号、仕様等		台			
雑排水用水中ポンプ	記号、仕様等		台			
グリース阻集器	記号、仕様等		個			
オイル阻集器	記号、仕様等		個			
汚水管	管種、接合方法、呼び径、区分		m			
雑排水管	管種、接合方法、呼び径、区分		m			
通気管	管種、接合方法、呼び径、区分		m			
仕切弁	材質、接合方法、耐圧、呼び径		個			
逆止弁	材質、接合方法、耐圧、呼び径		個			
満水試験継手	呼び径		個			
床上掃除口	記号、呼び径		個			
排水金物	記号、呼び径		個			
通気金具	記号等		個			
保温		1	式			別紙明細
塗装		1	式			別紙明細
搬入・据付費		1	式			別紙明細

（細目別内訳）

※印は、改修工事等の際に必要となる項目の例を示す。
☆印の科目は独立した科目とせず、各科目の細目に振り分けて表現しても良い項目を示す。

公共建築工事内訳書標準書式（設備工事編）　　機械設備

名　称	摘　要	数量	単位	単価	金　額	備　考
架台類		1	式			別紙明細
形鋼振れ止め支持		1	式			別紙明細
スリーブ		1	式			別紙明細
デッキプレート開口切断		1	式			別紙明細
あと施工アンカー		1	式			別紙明細※
計						
給湯設備						
給湯ボイラー	記号、仕様等		基			
温水循環ポンプ	記号、仕様等		台			
貯湯タンク	記号、仕様等		基			
給湯用膨張・補給水タンク	記号、仕様等		基			
貯湯式電気温水器	記号、仕様等		台			
煙道		1	式			
給湯管	管種、接合方法、呼び径、区分		m			
仕切弁	材質、接合方法、耐圧、呼び径		個			
逆止弁	材質、接合方法、耐圧、呼び径		個			
水栓	種類、呼び径		個			
伸縮管継手	種類、呼び径		個			
フレキシブルジョイント	材質、呼び径		個			
防振継手	材質、呼び径		個			
保温		1	式			別紙明細
塗装		1	式			別紙明細
搬入・据付費		1	式			別紙明細
機器用基礎		1	式			別紙明細
架台類		1	式			別紙明細
形鋼振れ止め支持		1	式			別紙明細
スリーブ		1	式			別紙明細
デッキプレート開口切断		1	式			別紙明細
あと施工アンカー		1	式			別紙明細※
計						

公共建築工事内訳書標準書式（設備工事編）　　機械設備

（細目別内訳）

※印は、改修工事等の際に必要となる項目の例を示す。
☆印の科目は独立した科目とせず、各科目の細目に振り分けて表現しても良い項目を示す。

名　　称	摘　　要	数　量	単位	単価	金　　額	備　　考
消火設備						
屋内消火栓設備						
消火ポンプユニット	記号、仕様等		台			
消火用充水タンク	記号、仕様等		基			
屋内消火栓箱	記号、仕様等		組			
消火管	管種、接合方法、呼び径、区分		m			
仕切弁	材質、接合方法、耐圧、呼び径		個			
逆止弁	材質、接合方法、耐圧、呼び径		個			
テスト弁	呼び径		個			
フレキシブルジョイント	呼び径		個			
ボールタップ	呼び径		個			
電極棒	極数		組			
塗装		1	式			別紙明細
搬入・据付費		1	式			別紙明細
機器用基礎		1	式			別紙明細
架台類		1	式			別紙明細
形鋼振れ止め支持		1	式			別紙明細
スリーブ		1	式			別紙明細
デッキプレート開口切断		1	式			別紙明細
あと施工アンカー		1	式			別紙明細※
計						
連結送水管						
放水用器具格納箱	記号、仕様等		組			
放水口格納箱	記号、仕様等		組			
送水口	形式、材質等		個			
放水口	呼称、材質等		個			
送水管	管種、接合方法、呼び径、区分		m			
仕切弁	材質、接合方法、耐圧、呼び径		個			
逆止弁	材質、接合方法、耐圧、呼び径		個			
フレキシブルジョイント	呼び径		個			

公共建築工事内訳書標準書式（設備工事編）　　機械設備

（細目別内訳）　　　※印は、改修工事等の際に必要となる項目の例を示す。
　　　　　　　　　　☆印の科目は独立した科目とせず、各科目の細目に振り分けて表現しても良い項目を示す。

名　称	摘　要	数　量	単位	単価	金　額	備　考
点検桝	記号、形式等		組			
表示板		1	式			別紙明細
塗装		1	式			別紙明細
架台類		1	式			別紙明細
形鋼振れ止め支持		1	式			別紙明細
スリーブ		1	式			別紙明細
デッキプレート開口切断		1	式			別紙明細
あと施工アンカー		1	式			別紙明細※
計						
連結散水設備						
送水口	形式、材質等		個			
散水ヘッド	形式		個			
消火管	管種、接合方法、呼び径、区分		m			
仕切弁	材質、接合方法、耐圧、呼び径		個			
選択弁	呼び径		個			
表示板		1	式			別紙明細
塗装		1	式			別紙明細
架台類		1	式			別紙明細
形鋼振れ止め支持		1	式			別紙明細
スリーブ		1	式			別紙明細
デッキプレート開口切断		1	式			別紙明細
あと施工アンカー		1	式			別紙明細※
計						
スプリンクラー設備						
消火機器		1	式			
材料費		1	式			
労務費		1	式			
運搬費		1	式			
試験調整費		1	式			

77

公共建築工事内訳書標準書式（設備工事編）　　機械設備

（細目別内訳）　　　※印は、改修工事等の際に必要となる項目の例を示す。
　　　　　　　　　　☆印の科目は独立した科目とせず、各科目の細目に振り分けて表現しても良い項目を示す。

名　　称	摘　　要	数　量	単位	単価	金　　額	備　　考
システム評価申請手数料		1	式			（必要な場合）
諸経費		1	式			
計						
不活性ガス消火設備						
消火機器		1	式			
材料費		1	式			
労務費		1	式			
運搬費		1	式			
試験調整費		1	式			
システム評価申請手数料		1	式			（必要な場合）
諸経費		1	式			
計						
泡消火設備						
消火機器		1	式			
材料費		1	式			
労務費		1	式			
運搬費		1	式			
試験調整費		1	式			
諸経費		1	式			
計						
ガス設備						
都市ガス設備						
都市ガス設備		1	式			
諸経費		1	式			
スリーブ		1	式			別紙明細
デッキプレート開口切断		1	式			別紙明細
計						

公共建築工事内訳書標準書式（設備工事編）　　機械設備

（細目別内訳）　　　※印は、改修工事等の際に必要となる項目の例を示す。
　　　　　　　　　　☆印の科目は独立した科目とせず、各科目の細目に振り分けて表現しても良い項目を示す。

名　称	摘　要	数　量	単位	単価	金　額	備　考
液化石油ガス設備						
液化石油ガス管	管種、接合方法、呼び径、区分		m			
ガス栓・バルブ	材質、接合方法、耐圧、呼び径		個			
集合装置	自動切替調整装置、ボンベ　本		組			転倒防止金物共
感震センサー			組			
感震遮断弁			組			
ガス漏れ警報器			組			
圧力計	形式		個			
標識板		1	式			別紙明細
スリーブ		1	式			別紙明細
デッキプレート開口切断		1	式			別紙明細
塗装		1	式			別紙明細
あと施工アンカー		1	式			別紙明細※
計						
厨房機器設備						
流し	仕様、寸法等		台			
作業台	寸法		台			
戸棚	寸法		台			
棚	仕様、寸法等		台			
電気レンジ	仕様、寸法等		台			
ガステーブルレンジ	仕様、寸法等		台			
電気テーブルレンジ	仕様、寸法等		台			
揚物器（フライヤ）	仕様、寸法等		台			
炊飯器	仕様、寸法等		台			
焼物器	仕様、寸法等		台			
煮炊釜	仕様、寸法等		台			
食器洗浄機	仕様、寸法等		台			
冷蔵庫及び冷凍庫	仕様、寸法等		台			
搬入・据付費		1	式			

79

公共建築工事内訳書標準書式（設備工事編）　　機械設備

（細目別内訳）

※印は、改修工事等の際に必要となる項目の例を示す。
☆印の科目は独立した科目とせず、各科目の細目に振り分けて表現しても良い項目を示す。

名　　称	摘　　要	数　量	単位	単　価	金　　額	備　　考
試験調整費		1	式			
計						
雨水利用設備						
機器・材料費		1	式			
労務費		1	式			
運搬費		1	式			
試運転調整費		1	式			
諸経費		1	式			
計						
撤去工事						※☆
機器類撤去		1	式			別紙明細※
ダクト類撤去		1	式			別紙明細※
配管類撤去		1	式			別紙明細※
はつり補修		1	式			別紙明細※
計						※
発生材処理						※
発生材積込	種類、積込方法	（1	m³ t 式）			※
発生材運搬	種類、運搬車の種別、運搬距離	（1	m³ t 式）			※
発生材処分	種類、処分場所	（1	m³ t 式）			※
計						※

80

公共建築工事内訳書標準書式（設備工事編）　　機械設備

（細目別内訳）

※印は、改修工事等の際に必要となる項目の例を示す。
☆印の科目は独立した科目とせず、各科目の細目に振り分けて表現しても良い項目を示す。

名　称	摘　要	数　量	単位	単価	金　額	備　考
屋外						
給水設備						
給水管	管種、接合方法、呼び径、区分		m			
弁類	材質、接合方法、耐圧、呼び径		個			
量水器	方式、呼び径		個			
桝類	種類、深さ、蓋種類		組			
地中埋設標	材質		個			
埋設表示用テープ			m			
土工事		1	式			別紙明細
水道本管引込工事		1	式			
計						
排水設備						
排水管	管種、呼び径、区分		m			
桝類	種類、管底、蓋種類		組			
土工事		1	式			別紙明細
下水道本管接続費		1	式			
計						
ガス設備						
都市ガス設備						
都市ガス設備		1	式			
諸経費		1	式			
地中埋設標	材質		個			
埋設表示用テープ			m			
土工事		1	式			別紙明細
計						
液化石油ガス設備						
液化石油ガス管	管種、接合方法、呼び径、区分		m			
ガス栓・バルブ	材質、接合方法、耐圧、呼び径		個			

81

公共建築工事内訳書標準書式（設備工事編）　　機械設備

（細目別内訳）
※印は、改修工事等の際に必要となる項目の例を示す。
☆印の科目は独立した科目とせず、各科目の細目に振り分けて表現しても良い項目を示す。

名　　称	摘　　要	数　量	単位	単価	金　　額	備　　考
地中埋設標	材質		個			
埋設表示用テープ			m			
塗装		1	式			別紙明細
土工事		1	式			別紙明細
計						
浄化槽設備						
浄化槽	仕様等		基			
土工事		1	式			
山留工事		1	式			
コンクリート基礎		1	式			
配管工事		1	式			
電気工事		1	式			
搬入・据付費		1	式			
試験調整費		1	式			
諸経費		1	式			
計						
撤去工事						※
配管類撤去		1	式			別紙明細※
計						※
発生材処理						※
発生材積込	種類、積込方法	（1	m³ t 式）			※
発生材運搬	種類、運搬車の種別、運搬距離	（1	m³ t 式）			※
発生材処分	種類、処分場所	（1	m³ t 式）			※
計						※

公共建築工事内訳書標準書式（設備工事編）　　昇降機設備

（3）　昇降機設備工事内訳書標準書式

公共建築工事内訳書標準書式（設備工事編）　　昇降機設備

（種目別内訳）

名　　称	摘　要	数　量	単位	金　　額	備　考
直接工事費					
庁舎		1	式		
計					
共通費					
共通仮設費		1	式		
現場管理費		1	式		
一般管理費等		1	式		
計					
合計（工事価格）		1	式		
消費税等相当額		1	式		
総合計（工事費）		1	式		

85

公共建築工事内訳書標準書式（設備工事編）　　昇降機設備

（科目別内訳）　　※印は、改修工事等の際に必要となる項目の例を示す。
　　　　　　　　☆印の科目は独立した科目とせず、各科目の細目に振り分けて表現しても良い項目を示す。

名　　称	摘　要	数　量	単位	金　　額	備　考
庁舎					
エレベーター設備		1	式		
小荷物専用昇降機設備		1	式		
エスカレーター設備		1	式		
撤去工事		1	式		※☆
発生材処理		1	式		※
計					

86

公共建築工事内訳書標準書式（設備工事編）　　昇降機設備

（中科目別内訳）　　　※印は、改修工事等の際に必要となる項目の例を示す。
　　　　　　　　　　　☆印の科目は独立した科目とせず、各科目の細目に振り分けて表現しても良い項目を示す。

科 目 名 称	中 科 目 名 称	数 量	単位	金 額	備 考
庁舎					
エレベーター設備	1号機	1	式		
	2号機	1	式		
	エレベーター監視盤	1	式		
計					
小荷物専用昇降機設備		1	式		
計					
エスカレーター設備		1	式		
計					
撤去工事		1	式		※☆
計					※
発生材処理		1	式		※
計					※

公共建築工事内訳書標準書式（設備工事編）　　昇降機設備

（細目別内訳）　　　※印は、改修工事等の際に必要となる項目の例を示す。
　　　　　　　　　☆印の科目は独立した科目とせず、各科目の細目に振り分けて表現しても良い項目を示す。

名　　称	摘　　要	数　量	単位	単　価	金　　額	備　　考
庁舎						
エレベーター設備						
1号機（乗用、普及型エレベーター（機械室なし））						
主要機器、かご	定員　　名、 速度　　m／min	1	式			
その他部材		1	式			
共通部材（1〜2号機）	中間ビーム	1	式			
三方枠	形、 製、　　仕上		か所			
幕板	製、　　仕上		か所			
乗場の敷居	製		か所			
乗場の戸	製、　　戸、 製、　　仕上		か所			
乗場ボタン	式、　　形カバー、 製、　　仕上		か所			
インジケータ	式、　　形カバー、 製、　　仕上		か所			
電気配管配線	機械室内、昇降路内	1	式			
消耗品雑材料		1	式			
労務費	調整労務費を含む	1	式			
運搬費		1	式			
諸経費		1	式			
直接仮設	養生等	1	式			別紙明細※
	注）他の設備において、直接仮設がある場合は、同様に内訳を作成する。					
計						
2号機（乗用、普及型エレベーター（機械室なし））						
主要機器、かご	定員　名、速度　m／min、 身障者対策あり	1	式			
その他部材	点検用タラップ	1	式			
三方枠	形、 製、　　仕上		か所			
幕板	製、　　仕上		か所			
乗場の敷居	製		か所			
乗場の戸	製、　　戸、 製、　　仕上		か所			
乗場ボタン	式、　　形カバー、 製、　　仕上		か所			
専用乗場ボタン	式、　　形カバー、 製、　　仕上		か所			
インジケータ	式、　　形カバー、 製、　　仕上		か所			

公共建築工事内訳書標準書式（設備工事編）　　昇降機設備

（細目別内訳）　　　※印は、改修工事等の際に必要となる項目の例を示す。
☆印の科目は独立した科目とせず、各科目の細目に振り分けて表現しても良い項目を示す。

名　　称	摘　　要	数　量	単位	単価	金　　額	備　　考
電気配管配線	機械室内、昇降路内	1	式			
消耗品雑材料		1	式			
労務費	調整労務費を含む	1	式			
運搬費		1	式			
諸経費		1	式			
計						
エレベーター監視盤						
エレベーター監視盤	自立式、　　台監視用、インターホン含む	1	面			
電気配管配線	昇降路外	1	式			
消耗品雑材料		1	式			
労務費	調整労務費を含む	1	式			
運搬費		1	式			
諸経費		1	式			
計						
小荷物専用昇降機設備						
主要機器、かご	積載重量　　　kg、速度　　　m／min	1	式			
その他部材		1	式			
三方枠	形、　製、　　仕上		か所			
敷板又は膳板	製、　　仕上		台			
敷居	製		台			
出し入れ口戸	製、　　戸、　製、　　仕上		台			
操作盤	式、　　形カバー、　製、　　仕上		台			
電気配管配線		1	式			
消耗品雑材料		1	式			
労務費	調整労務費を含む	1	式			
運搬費		1	式			
諸経費		1	式			
計						

89

公共建築工事内訳書標準書式（設備工事編）　　昇降機設備

（細目別内訳）　　　　　　※印は、改修工事等の際に必要となる項目の例を示す。
　　　　　　　　　　　　　　☆印の科目は独立した科目とせず、各科目の細目に振り分けて表現しても良い項目を示す。

名　　称	摘　　要	数　量	単位	単価	金　　額	備　　考
エスカレーター設備						
トラス	製、　　仕上		台			
駆動装置	形、　　m		台			
受電・制御盤			台			
踏段レール	製		台			
踏段	式、　　形カバー、 製、　　仕上		台			
踏段チェーン	製、　　戸、 製、　　仕上		台			
内側板	製、　　仕上		台			
デッキガード			台			
スカートガード			台			
ハンドレール			台			
手摺駆動装置	製、　　仕上		台			
くし			台			
床板及びくし板			台			
照明器具			台			
操作盤			台			
安全装置			台			
電気配管配線		1	式			
消耗品雑材料		1	式			
労務費	調整労務費を含む	1	式			
運搬費		1	式			
諸経費		1	式			
計						
撤去工事						※☆
1号機撤去費		1	式			
2号機撤去費		1	式			
諸経費		1	式			
計						

公共建築工事内訳書標準書式（設備工事編）　　昇降機設備

（細目別内訳）
※印は、改修工事等の際に必要となる項目の例を示す。
☆印の科目は独立した科目とせず、各科目の細目に振り分けて表現しても良い項目を示す。

名　　称	摘　　要	数　量	単位	単価	金　　額	備　考
発生材処理						※
発生材積込	種類、積込方法	（1	m³ t 式)			※
発生材運搬	種類、運搬車の種別、運搬距離	（1	m³ t 式)			※
発生材処分	種類、処分場所	（1	m³ t 式)			※
計						

第3編　公共建築工事内訳書標準書式
（設備工事編）の解説

第1章　共通事項

公共建築工事内訳書標準書式（設備工事編）の解説（共通事項）

本書式は、公共建築工事の工事費内訳書の標準的な書式を示すもので、具体的記載内容については、工事内容に応じたものとする。

1．工事費内訳書の構成

工事費内訳書は、直接工事費と共通費を加算した工事価格に消費税等相当額を加算することにより、工事費を算出するようにまとめたものとし、以下により構成する。

(1) 種目別内訳書

(2) 科目別内訳書

(3) 中科目別内訳書

(4) 細目別内訳書

2．工事費内訳書の内容

工事費内訳書の記載内容は、次のとおりとする。

(1) 種目別内訳書

種目別内訳書には、直接工事費及び共通費の種目の金額並びに消費税等相当額を記載する。

イ）直接工事費の種目

直接工事費の種目は、設計図書の表示に従い工事種目（建物別・屋外など）ごとに区分する。なお、全体工事のうち、一部分について全体工期より先に完成を指定した部分（指定部分）等がある場合は、当該部分を区分して記載する。

ロ）共通費の種目

共通費の種目は、共通仮設費、現場管理費、一般管理費等に区分して記載する。

なお、共通費の算定は、「公共建築工事共通費積算基準」による。

① 共通仮設費

「共通仮設費は、各工事種目に共通の仮設に要する費用とする。」とされ、共通仮設費は、1式で記載する。

② 現場管理費

「現場管理費は、工事施工に当たり、工事現場を管理運営するために必要な費用で、共通仮設費以外の費用とする。」とされ、現場管理費は、1式で記載する。

③ 一般管理費等

「一般管理費等は、工事施工に当たる受注者の継続運営に必要な費用で、一般管理費と付加利益等からなる。」とされ、一般管理費等は、1式で記載する。

なお、工事を専門工事業者等に発注する場合においては、共通仮設費、現場管理費、一般管理費等を合わせ、共通費として1式の金額を記載することができる。

ハ）消費税等相当額

消費税等相当額は、「公共建築工事積算基準」による。

「消費税等相当額は、工事価格に消費税及び地方消費税相当分からなる税率を乗じて算定する。」とされ、消費税等課税対象額に消費税等率を乗じた額を記載する。

公共建築工事内訳書標準書式（設備工事編）の解説（共通事項）

(2) 科目別内訳書

科目別内訳書は、設計図書の工事種目等（電灯設備、動力設備、空気調和設備、給水設備など）を標準として直接工事費を科目に区分し、その科目の金額を記載する。

(3) 中科目別内訳書

中科目別内訳書は、科目別内訳において区分した科目をさらに主要な構成に従い区分し、その中科目の金額を記載する。ただし、工事内容等により区分する必要がない場合は、省略してもよい。

(4) 細目別内訳書

細目別内訳書は、各科目あるいは中科目に属する細目ごとに名称、摘要、数量、単位、単価、金額、備考を記載する。なお、必要に応じ別紙明細書を設け、１式で記載することができる。

詳細な記載要領は第３編第２章から第４章による。

① 名称

名称は、原則として標準書式による名称を記載する。

② 摘要

摘要は、材種、材質、形状、形式、寸法、工法、その他単価に対応する条件などを記載する。

③ 数量

数量は、「公共建築設備数量積算基準」による。数量を１式と記載した場合は、備考に別紙明細等を記載する。なお、別紙明細書を設けない場合は記載しない。

④ 単位

単位は、「公共建築設備数量積算基準」による計測・計算の単位とする。なお、長さ、面積、体積及び質量の単位は、m、m²、m³、kg及びｔとし、機器の単位は、基、面、台、個、組等の適切な単位を記載する。

⑤ 単価、金額

単価は、「公共建築工事標準単価積算基準」による。なお、単価は、数量に対応する単価を記載し、機器・材料等の単価、複合単価、市場単価とする。

金額は、数量に単価を乗じた額を記載する。なお、数量を１式としたものは、金額欄のみ記載する。

⑥ 備考

備考は、別紙明細書と整合した番号を記載する。

３．標準書式

標準書式は、原則として「第２編３．(1) 電気設備工事内訳書標準書式」、「同(2) 機械設備工事内訳書標準書式」、「同(3) 昇降機設備工事内訳書標準書式」による。

なお、本標準書式は、公共建築工事の工事費内訳書の標準的な書式を示すもので、具体的記載内容については、工事内容に応じたものとする。

以降、第３編の第２章第１節 電気設備工事、第３章第１節 機械設備工事、第４章第１節 昇降機設備工事の工事費内訳書構成（例）を以下に示す。

１．電気設備工事の工事費内訳書構成（例）

２．機械設備工事の工事費内訳書構成（例）

３．昇降機設備工事の工事費内訳書構成（例）

公共建築工事内訳書標準書式（設備工事編）の解説（共通事項）

イ）電気設備工事

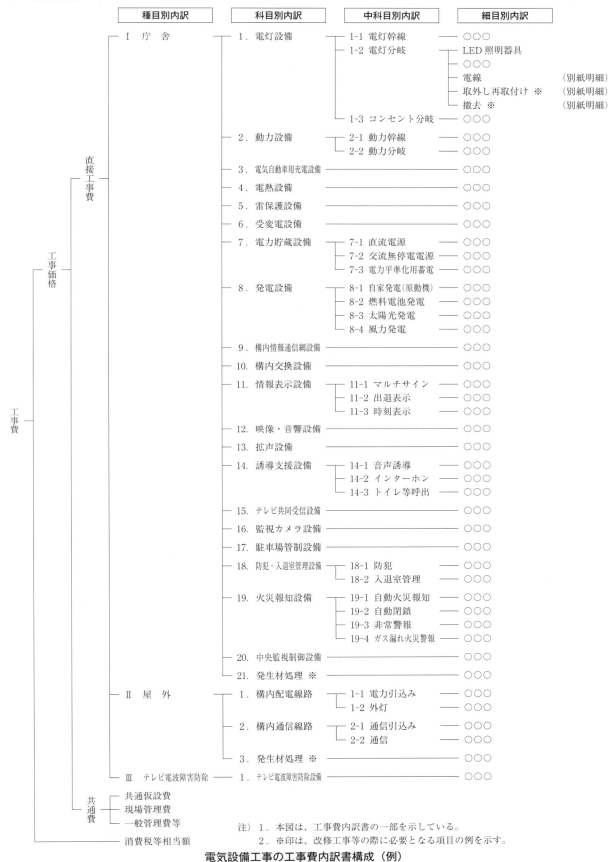

電気設備工事の工事費内訳書構成（例）

公共建築工事内訳書標準書式（設備工事編）の解説（共通事項）

ロ）機械設備工事

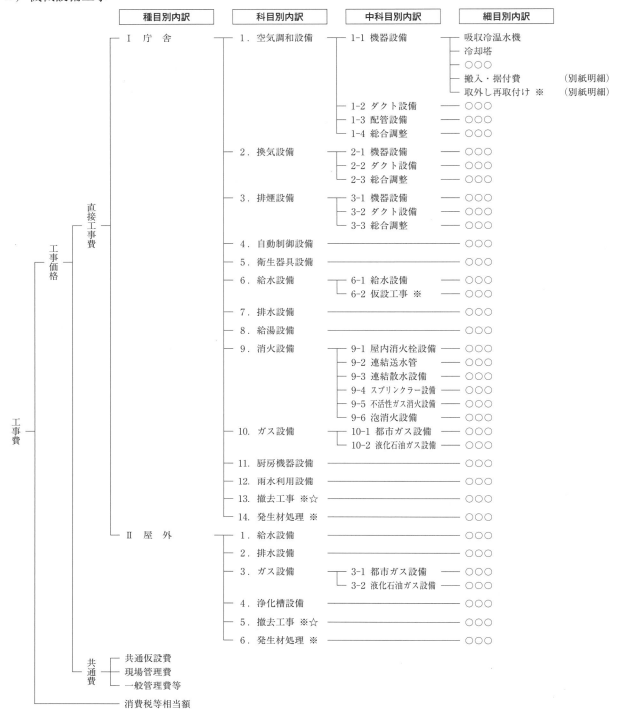

注）1．本図は、工事費内訳書の一部を示している。
　　2．※印は、改修工事等の際に必要となる項目の例を示す。
　　3．☆印の科目は、独立とした科目とせず、各科目細目に振り分けて表現してもよい項目を示す。

機械設備工事の工事費内訳書構成（例）

公共建築工事内訳書標準書式（設備工事編）の解説（共通事項）

ハ）昇降機設備工事

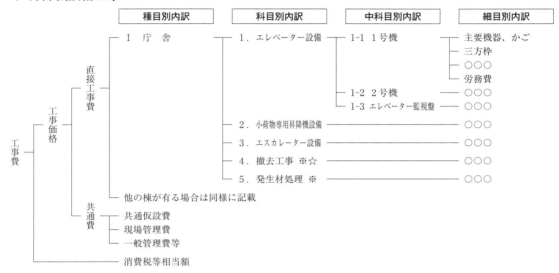

注）1．本図は、工事費内訳書の一部を示している。
　　2．※印は、改修工事等の際に必要となる項目の例を示す。
　　3．☆印の科目は、独立とした科目とせず、各科目細目に振り分けて表現してもよい項目を示す。

昇降機設備工事の工事費内訳書構成（例）

第2章　電気設備工事

I 庁舎 1. 電灯設備 1-1 電灯幹線

第1節 工事費内訳書標準書式

電気設備工事の内訳書標準書式における主な項目について、記載要領、注意点等を示す。

1. 細目別内訳は、科目別内訳の設備ごとの内訳を明示するものである。
2. 1式計上の細目の内、備考欄に「別紙明細」と記載された項目は、別紙内訳明細書を作成する。
3. 複合単価の歩掛りは、公共建築工事標準単価積算基準に定める標準歩掛りによる。これによりがたい場合は、公共建築工事積算研究会参歩掛りを活用する。
4. ※印がついている「項目」は、改修工事等の際に必要となる項目である。
5. 細目別内訳書の摘要欄の記載については、標準書式の記載例にある形式、仕様、記号等を解説する。ただし、記号は公共建築設備工事標準図で規定されている記号、設計図面に使用されている記号とし、各項目では解説しない。
6. 別紙明細書の摘要欄に記載する内容は、煩雑さを避け、名称欄及び摘要欄を用いて記載してもよい。
7. 本節で用いる主な単価は、次による。

単価の表記	内　　容	使　用　例
機器単価	・機器の価格	分電盤、制御盤、高圧受電盤、直流電源装置、発電装置、交換装置、一般・非常業務放送架、監視カメラ装置架、受信機　等
複合単価	・材料＋労務（歩掛り）	LED照明器具、配線器具、開閉器箱、端子盤、アナログ子時計、スピーカ、熱感知器　等
	・材料（雑材料）＋労務（歩掛り）	施工費
	・労務（歩掛り）	電動機結線、立会検査、撤去　等
材料単価	・材料単価（材料のみ）	1種金属線ぴ付属品、導体支持金物（受雷部）、管路口防止装置　等
市場単価	・市場単価	電線管、金属線ぴ（2種）、プルボックス、ケーブルラック、600V絶縁電線（EM-IE及びIV）、600V絶縁ケーブル（EM-EEF及びVVF）

I　庁舎

1．電灯設備

1-1
電灯幹線
　1-1-1
　引込み計器箱

設計数量(面) × 機器単価

・形式及び仕様を摘要欄に記載する。

105

公共建築工事内訳書標準書式（設備工事編）の解説（電気設備）

・形式は、屋内形、屋外形、壁掛、自立等を摘要欄に記載する。
・仕様は相数、線数、定格電圧、定格電流等を摘要欄に記載する。

1-1-2
電線

電線 → 1式（別紙明細）

別紙明細
・種類、導体径（又は公称断面積）、施工方法等を摘要欄に記載する。

　　・電線 　　　　　　　　　　 設計数量（m） × 複合単価、市場単価

（注）記載例を第2節　別紙明細記載例「別紙 00—0007」に示す。

1-1-3
ケーブル

ケーブル → 1式（別紙明細）

別紙明細
・種類、導体径（又は公称断面積）、芯線数、施工方法等を摘要欄に記載する。
・端末処理及び直線接続は、ケーブルの公称断面積、屋内、屋外等を摘要欄に記載する。ただし、低圧ケーブルで屋内の場合は、ケーブルの複合単価に含むものとする。
・光ファイバーケーブルは、接続及び伝送損失測定を別途計上する。

　　・ケーブル 　　　　　　　　 設計数量（m） × 複合単価、市場単価
　　・端末処理 　　　　　　　　 設計数量（か所） × 複合単価
　　・直線接続 　　　　　　　　 設計数量（か所） × 複合単価

（注）記載例を第2節　別紙明細記載例「別紙 00—0008」に示す。

1-1-4
電線管

電線管 → 1式（別紙明細）

別紙明細
・種類、管の呼称、施工方法等を摘要欄に記載する。
・電線管付属品は、ターミナルキャップ、エントランスキャップ、ユニバーサル、カップリング、絶縁ブッシング、ロックナット、ノーマルベンド等とし、市場単価に含むものとする。
・電線管の支持材は、市場単価に含むものとする。
・ボンディングは、プルボックス等に接続される電線管の呼称等を記載する。

Ⅰ　庁舎　1．電灯設備　1-1　電灯幹線

| ・電線管 | 設計数量（m）× 市場単価 |
| ・金属製可とう電線管 | 設計数量（m）× 複合単価 |

※電線管で塗装を必要とする場合は、塗装費を加算した複合単価としてもよい。
（注）記載例を第2節　別紙明細記載例「別紙 00—0009」に示す。

1-1-5
金属ダクト・トラフ

金属ダクト・トラフ → 1式（別紙明細）

別紙明細
・種別、寸法等を摘要欄に記載する。
・金属ダクト・トラフの付属品の労務費は、本体の労務費に含むものとする。
・金属ダクトの支持材は含まないものとし、別項目（支持材）に計上する。

| ・金属ダクト・トラフ | 設計数量（m）× 複合単価 |
| ・金属ダクト・トラフ付属品 | 設計数量（個）× 材料単価 |

※金属ダクト等で塗装を必要とする場合は、塗装費を加算した複合単価としてもよい。

1-1-6
ケーブルラック

ケーブルラック → 1式（別紙明細）

別紙明細
・種類、寸法、施工区分（1段目、2段目以降）等を摘要欄に記載する。
・L形、T形、X形、ベンド等の特殊形状ケーブルラック、付属品及び支持材は市場単価に含むものとする。

・ケーブルラック	設計数量（m）× 市場単価
・ケーブルラックセパレータ	設計数量（m）× 市場単価
・ケーブルラックカバー	設計数量（m）× 複合単価

1-1-7
ボックス類

ボックス類 → 1式（別紙明細）

別紙明細
・種類、寸法、施工方法等を摘要欄に記載する。
・プルボックスの市場単価は、表面積の区分による単価（円／m²）であるが、

公共建築工事内訳書標準書式（設備工事編）の解説（電気設備）

数量を乗じるため、1個当たりの市場単価（円／個）を算出する。

・支持材は、プルボックス及び位置ボックスの市場単価に含むものとする。

・位置ボックス用ボンディングは、位置ボックスの個数を記載する。

・プルボックス	設計数量（個） × 市場単価
・接地端子	設計数量（個） × 市場単価
・位置ボックス	設計数量（個） × 市場単価
・位置ボックス用ボンディング	設計数量（個） × 市場単価

※プルボックス、位置ボックスで塗装を必要とする場合は、塗装費を加算した複合単価としてもよい。

1-1-8
支持材

支持材 → 1式（別紙明細）

別紙明細

・種類、材質、寸法、施工区分（段数など）等を摘要欄に記載する。

・支持材（インサート、吊ボルト、ダクターなど）の労務費は、金属ダクト等の本体に含むものとする。

| ・支持材 | 設計数量（個） × 材料単価 |
| ・耐震支持材 | 設計数量（個） × 材料単価 |

1-1-9
防火区画貫通処理等

防火区画貫通処理等 → 1式（別紙明細）

別紙明細

・種類（防火区画貫通処理、ケーブル延焼防止処理など）、ケーブルラックの寸法、金属管の呼称等を摘要欄に記載する。

・支持材は、防火区画貫通処理工事の市場単価に含むものとする。

| ・防火区画貫通処理 | 設計数量（か所） × 市場単価 |
| ・ケーブル延焼防止処理 | 設計数量（か所） × 複合単価 |

1-1-10
接地工事

接地工事 → 1式（別紙明細）

Ⅰ　庁舎　1．電灯設備　1-1　電灯幹線

別紙明細

・接地極の種類、組合せ等を摘要欄に記載する。

・接地極	設計数量（か所）	× 市場単価
・接地極埋設標	設計数量（枚）	× 市場単価

1-1-11
塗装工事

塗装工事 → 1式（別紙明細）

別紙明細

・電線管塗装	設計数量（m）	× 複合単価
・金属ダクト塗装	設計数量（㎡）	× 複合単価
・露出ボックス塗装	設計数量（個）	× 複合単価

・電線管等が塗装費を加算した複合単価の場合には、計上しない。

1-1-12
施工費

施工費 → 1式（別紙明細）

別紙明細

・機器類、盤類等の機器単価を別に計上する場合、施工費を集計し1式として計上する。

・雑材料、機材の取付け、結線及び試験調整費を含むものとする。

・引込み計器箱等	設計数量（面）	× 複合単価

1-1-13
※直接仮設

直接仮設 → 1式（別紙明細）

・養生、足場等、直接仮設の内容を摘要欄に記載する。

別紙明細

・足場、仮設間仕切り、養生、整理清掃後片付け等を区分して記載する。

・足場は、種類、設置期間（月）を摘要欄に記載する。

・仮設間仕切りは、種類を摘要欄に記載する。

・養生は、種類を摘要欄に記載する。

・整理清掃後片付けは、養生と同じ範囲とする。

公共建築工事内訳書標準書式（設備工事編）の解説（電気設備）

1-1-14
※はつり工事

はつり工事 → 1式（別紙明細）

別紙明細
・壁床貫通及び機械はつりは、口径、コンクリート厚さ等を摘要欄に記載する。
・溝はつりは、幅、深さ等を摘要欄に記載する。
・面はつりは、深さ等を摘要欄に記載する。

・壁床貫通 　　設計数量（か所） × 複合単価

・溝はつり 　　設計数量（m） × 複合単価

・面はつり 　　設計数量（㎡） × 複合単価

・機械はつり 　設計数量（か所） × 複合単価

1-1-15
※取外し再取付け

取外し再取付け → 1式（別紙明細）

別紙明細
・取外した機材等を再使用する場合とする。
・種類、寸法、機器名称等を摘要欄に記載する。

・配管、配線等 　　　　　設計数量（m） × 複合単価

・配線器具、照明器具等 　設計数量（個） × 複合単価

・盤類 　　　　　　　　　設計数量（面） × 複合単価

1-1-16
※撤去

撤去 → 1式（別紙明細）

別紙明細
・種類、寸法、機器名称等を摘要欄に記載する。

・配管、配線等 　　　　　設計数量（m） × 複合単価

・配線器具、照明器具等 　設計数量（個） × 複合単価

・盤類 　　　　　　　　　設計数量（面） × 複合単価

I 庁舎 1. 電灯設備 1-2 電灯分岐

1-2
電灯分岐

1-2-1
ＬＥＤ照明器具

設計数量（個） × 複合単価

・記号を摘要欄に記載する。
・器具の支持材を含むものとする。

1-2-2
蛍光灯

設計数量（個） × 複合単価

・記号を摘要欄に記載する。
・器具の支持材を含むものとする。

1-2-3
ＨＩＤ灯

設計数量（個） × 複合単価

・記号を摘要欄に記載する。
・器具の支持材を含むものとする。

1-2-4
非常用照明

設計数量（個） × 複合単価

・記号を摘要欄に記載する。
・器具の支持材を含むものとする。

1-2-5
誘導灯

設計数量（個） × 複合単価

・記号を摘要欄に記載する。
・器具の支持材を含むものとする。

1-2-6
分電盤

設計数量（面） × 機器単価

・盤名称を摘要欄に記載する。

1-2-7
開閉器箱

設計数量（個） × 複合単価

・名称を摘要欄に記載する。

1-2-8
照明制御盤

設計数量（面） × 機器単価

・盤名称を摘要欄に記載する。

公共建築工事内訳書標準書式（設備工事編）の解説（電気設備）

1-2-9
照明制御装置

設計数量（個） × 複合単価

・記号を摘要欄に記載する。

1-2-10
配線器具

配線器具 → 1式（別紙明細）

別紙明細

・形式、定格等を摘要欄に記載する。

・配線器具は、タンブラスイッチ、パイロットランプ、リモコンスイッチ、取付枠、プレート等の組合せごとの個数とする。

・配線器具　　　　　　設計数量（個） × 複合単価

（注）記載例を第2節　別紙明細記載例「別紙 00—0006」に示す。

1-2-11
設備プレート

設備プレート → 1式（別紙明細）

別紙明細

・用途、仕様（金属製、樹脂製など）等を摘要欄に記載する。

・設備プレート　　　　設計数量（個） × 複合単価

1-2-12
ライティングダクト

ライティングダクト → 1式（別紙明細）

別紙明細

・ライティングダクトは、導体数、定格電流、施工方法等を摘要欄に記載する。

・ライティングダクト付属品の労務費は、本体の労務費に含むものとする。

・ライティングダクト付属品は、カップリング、エルボ、ティー、クロス、フィードインボックス、プラグ、アダプタ、エンドキャップ等とする。

・ライティングダクトの支持材は含まないものとし、別項目（支持材）に計上する。

・ライティングダクト　　　設計数量（m） × 複合単価

・ライティングダクト付属品　設計数量（個） × 材料単価

112

Ⅰ 庁舎 1．電灯設備 1-3 コンセント分岐

1-2-13
金属線ぴ

金属線ぴ → 1式（別紙明細）

別紙明細
・種別、寸法等を摘要欄に記載する。
・1種金属線ぴ付属品のエルボ、ティー等は、種類等を摘要欄に記載する。
・1種金属線ぴ付属品の労務費は、本体の労務費に含むものとする。
・2種金属線ぴの付属品は、カバー、エルボ、エンドコネクタ、ジョイナ、ハンガ等とし、市場単価に含むものとする。
・2種金属線ぴの支持材は、市場単価に含むものとする。

・1種金属線ぴ	設計数量（m）	×	複合単価
・1種金属線ぴ付属品	設計数量（個）	×	材料単価
・2種金属線ぴ	設計数量（m）	×	市場単価

1-2-14
電線
ケーブル
電線管
金属ダクト・トラフ
ケーブルラック
ボックス類
支持材
防火区画貫通処理等
塗装工事
施工費

※直接仮設
※はつり工事
※取外し再取付け
※撤去

1．電灯設備 1-1 電灯幹線の当該事項による。

1-3
コンセント分岐

1-3-1
OA盤

設計数量（面） × 機器単価
・盤名称を摘要欄に記載する。

1-3-2
開閉器箱

設計数量（個） × 複合単価
・名称を摘要欄に記載する。

113

公共建築工事内訳書標準書式（設備工事編）の解説（電気設備）

1-3-3
配線器具

配線器具 → 1式（別紙明細）

別紙明細
・形式、定格等を摘要欄に記載する。
・配線器具は、コンセント、プラグ、接地端子、取付枠、プレート等の組合せごとの個数とする。

・配線器具　　　　　　　　　　　　設計数量(個) × 複合単価

1-3-4
二重床用配線器具

二重床用配線器具 → 1式（別紙明細）

別紙明細
・形式、定格等を摘要欄に記載する。

・二重床用配線器具　　　　　　　　設計数量(個) × 複合単価

1-3-5
金属線ぴ

金属線ぴ → 1式（別紙明細）

別紙明細
・種別、寸法等を摘要欄に記載する。
・1種金属線ぴ付属品のエルボ、ティー等は、種類等を摘要欄に記載する。
・1種金属線ぴ付属品の労務費は、本体の労務費に含むものとする。
・2種金属線ぴの付属品は、カバー、エルボ、エンドコネクタ、ジョイナ、ハンガ等とし、市場単価に含むものとする。
・2種金属線ぴの支持材は、市場単価に含むものとする。

・1種金属線ぴ　　　　　　　　　　設計数量(m) × 複合単価
・1種金属線ぴ付属品　　　　　　　設計数量(個) × 材料単価
・2種金属線ぴ　　　　　　　　　　設計数量(m) × 市場単価

114

Ⅰ　庁舎　1．電灯設備　1-3　コンセント分岐

1-3-6
電線
ケーブル
電線管
金属ダクト・トラ
フ
ボックス類
支持材
防火区画貫通処理
等
塗装工事
施工費

※直接仮設
※はつり工事
※取外し再取付け
※撤去

1．電灯設備　1-1　電灯幹線の当該事項による。

公共建築工事内訳書標準書式（設備工事編）の解説（電気設備）

２．動力設備

2-1
動力幹線
　2-1-1
　引込み計器箱
　電線
　ケーブル
　電線管
　金属ダクト・トラフ
　ケーブルラック
　ボックス類
　支持材
　防火区画貫通処理等
　接地工事
　塗装工事
　施工費

　※直接仮設
　※はつり工事
　※取外し再取付け
　※撤去

１．電灯設備 1-1　電灯幹線の当該事項による。

2-2
動力分岐
　2-2-1
　制御盤

$\boxed{設計数量（面）} \times \boxed{機器単価}$

・盤名称を摘要欄に記載する。

　2-2-2
　警報盤

$\boxed{設計数量（面）} \times \boxed{機器単価}$

・形式及び窓数を摘要欄に記載する。
・形式は、屋内形、屋外形、壁掛、自立等を摘要欄に記載する。

　2-2-3
　開閉器箱

$\boxed{設計数量（個）} \times \boxed{複合単価}$

・名称を摘要欄に記載する。

　2-2-4
　電動機等接続

$\boxed{電動機等接続} \rightarrow$　１式（別紙明細）

別紙明細
　・電動機の始動方式を摘要欄に記載する。

116

Ⅰ　庁舎　2．動力設備　2-2　動力分岐

・電動機等接続材は、管の呼称等を摘要欄に記載する。

・電動機結線、低圧コンデンサ結線、電極結線等を含むものとする。

・支持材、耐震支持材及び塗装は、別項目に計上する。

・電動機結線	設計数量(台) ×	複合単価
・電動機等接続材	設計数量(か所) ×	市場単価

2-2-5
配線器具

配線器具 → 1式（別紙明細）

別紙明細

・形式、定格等を摘要欄に記載する。

・配線器具は、タンブラスイッチ、パイロットランプ、コンセント、接地端子、取付枠、フラッシュプレート等の組合せごとの個数とする。

・配線器具	設計数量(個) ×	複合単価

2-2-6
基礎

基礎 → 1式（別紙明細）

別紙明細

・コンクリート基礎は鉄筋、型枠、コンクリート、モルタル等に区分する。

・鉄筋	設計数量(kg) ×	複合単価
・型枠	設計数量(m^2) ×	複合単価
・コンクリート	設計数量(m^3) ×	複合単価
・モルタル	設計数量(m^2) ×	複合単価

・寸法ごとに、複合単価として算出してもよい。

公共建築工事内訳書標準書式（設備工事編）の解説（電気設備）

2-2-7
電線
ケーブル
電線管
金属ダクト・トラフ
ケーブルラック
ボックス類
支持材
防火区画貫通処理等
塗装工事
施工費

※直接仮設
※はつり工事
※取外し再取付け
※撤去

1．電灯設備 1-1　電灯幹線の当該事項による。

Ⅰ　庁舎　3．電気自動車用充電設備

3．電気自動車用充電設備

3-1
電気自動車用充電装置

設計数量（面） × 機器単価

・形式及び仕様を摘要欄に記載する。
・形式は、鋼板製、ステンレス鋼板製等を摘要欄に記載する。
・仕様は、急速充電、普通充電、定格出力等を摘要欄に記載する。

3-2
配線器具

配線器具 → 1式（別紙明細）

別紙明細
・形式、定格等を摘要欄に記載する。

・配線器具　　　　　　設計数量（個） × 複合単価

3-3
基礎

基礎 → 1式（別紙明細）

別紙明細
・コンクリート基礎は鉄筋、型枠、コンクリート、モルタル等に区分する。

・鉄筋　　　　　　　　設計数量（kg） × 複合単価

・型枠　　　　　　　　設計数量（m²） × 複合単価

・コンクリート　　　　設計数量（m³） × 複合単価

・モルタル　　　　　　設計数量（m²） × 複合単価

・寸法ごとに、複合単価として算出してもよい。

3-4
据付費

据付費 → 1式（別紙明細）

別紙明細
・機器類及び盤類等の機器単価を別に計上する場合、取付費（結線費を含む。）を集計し1式として計上する。
・雑材料及び試験調整費は含まないものとし、別項目に計上する。
・製造業者又は専門工事業者の見積りによる場合は、数量等を確認し1式として計上してもよい。

119

公共建築工事内訳書標準書式（設備工事編）の解説（電気設備）

3-5
試験調整費

試験調整費 → 1式（別紙明細）

別紙明細
・総合試験等のために必要な試験及び調整費を計上する。
・製造業者又は専門工事業者の見積りによる場合は、数量等を確認し1式として計上してもよい。

3-6
諸経費

諸経費 → 1式（別紙明細）

別紙明細
・諸経費は、製造業者又は専門工事業者の必要経費であり法定福利費を含んだものとし、1式として計上する。

3-7
電線
ケーブル
電線管
金属ダクト・トラフ
ケーブルラック
ボックス類
支持材
防火区画貫通処理等
接地工事
塗装工事

※直接仮設
※はつり工事
※取外し再取付け
※撤去

1．電灯設備 1-1　電灯幹線の当該事項による。

120

I　庁舎　4．電熱設備

４．電熱設備

4-1
制御盤

$\boxed{設計数量（面）} \times \boxed{機器単価}$

・盤名称を摘要欄に記載する。

4-2
開閉器箱

$\boxed{設計数量（個）} \times \boxed{複合単価}$

・名称を摘要欄に記載する。

4-3
温度センサ

$\boxed{設計数量（個）} \times \boxed{機器単価}$

・仕様を摘要欄に記載する。

・仕様は、センサ呼称、素子等を摘要欄に記載する。

4-4
降雪センサ

$\boxed{設計数量（個）} \times \boxed{機器単価}$

・仕様を摘要欄に記載する。

・仕様は、検知方式等を摘要欄に記載する。

4-5
水分センサ

$\boxed{設計数量（個）} \times \boxed{機器単価}$

・仕様を摘要欄に記載する。

・仕様は、接触式等を摘要欄に記載する。

4-6
発熱線等

$\boxed{発熱線等} \rightarrow$　1式（別紙明細）

別紙明細

・記号を摘要欄に記載する。

・発熱線等　　　　　　　　　$\boxed{設計数量（組）} \times \boxed{機器単価}$

4-7
機器間ケーブル工事

$\boxed{機器間ケーブル工事} \rightarrow$　1式（別紙明細）

121

公共建築工事内訳書標準書式（設備工事編）の解説（電気設備）

別紙明細

・電線、ケーブル、配管等を含むものとする。

・専門工事業者等の見積りによる場合は、数量等を確認し1式として計上してもよい。

4-8
基礎

基礎 → 1式（別紙明細）

別紙明細

・コンクリート基礎は鉄筋、型枠、コンクリート、モルタル等に区分する。

・鉄筋	設計数量(kg) × 複合単価
・型枠	設計数量(m^2) × 複合単価
・コンクリート	設計数量(m^3) × 複合単価
・モルタル	設計数量(m^2) × 複合単価

・寸法ごとに、複合単価として算出してもよい。

4-9
土工事

土工事 → 1式（別紙明細）

別紙明細

・土工事は、人力作業又は機械作業等に区分し記載する。

・機械を使用する場合は、機械の運搬費、損料等を適切に計上する。

・建設発生土処理は、構内敷ならしの場合に記載する。

・根切り（機械）	計画数量(m^3) × 複合単価
・砂利地業（機械）	設計数量(m^3) × 複合単価
・埋戻し（機械）	計画数量(m^3) × 複合単価
・建設発生土処理（機械）	計画数量(m^3) × 複合単価
・土工機械運搬	1式

4-10
据付費

据付費 → 1式（別紙明細）

別紙明細

・機器類及び盤類等の機器単価を別に計上する場合、取付費（結線費を含む。）

I 庁舎 4．電熱設備

を集計し 1 式として計上する。
・雑材料及び試験調整費は含まないものとし、別項目に計上する。
・製造業者又は専門工事業者の見積りによる場合は、数量等を確認し 1 式として計上してもよい。

4-11
試験調整費

| 試験調整費 | → 1 式（別紙明細）

別紙明細
・総合試験等のために必要な試験及び調整費を計上する。
・製造業者又は専門工事業者の見積りによる場合は、数量等を確認し 1 式として計上してもよい。

4-12
諸経費

| 諸経費 | → 1 式（別紙明細）

別紙明細
・諸経費は、製造業者又は専門工事業者の必要経費であり法定福利費を含んだものとし、1 式として計上する。

4-13
電線
ケーブル
電線管
金属ダクト・トラフ
ケーブルラック
ボックス類
支持材
防火区画貫通処理等
接地工事
塗装工事

※直接仮設
※はつり工事
※取外し再取付け
※撤去

1．電灯設備 1-1　電灯幹線の当該事項による。

公共建築工事内訳書標準書式（設備工事編）の解説（電気設備）

５．雷保護設備

5-1
突針

設計数量（基） × 複合単価

・記号を摘要欄に記載する。
・支持管及び支持管取付金物は、突針に含むものとする。

5-2
試験用接続端子箱

設計数量（個） × 複合単価

・記号を摘要欄に記載する。

5-3
受雷部（導線）

受雷部（導線） → 1式（別紙明細）

別紙明細
・種類、材質、寸法等を記載する。
・避雷導線、むね上導体等がある。
・導線支持金物は、必要数を計上する。

・水平導体等　　　設計数量(m) × 複合単価
・導体支持金物　　設計数量(個) × 材料単価

5-4
引下げ導線

引下げ導線 → 1式（別紙明細）

別紙明細
・種類、材質、寸法等を記載する。
・導線支持金物は、必要数を計上する。

・引下げ導線　　　設計数量(m) × 複合単価
・導線支持金物　　設計数量(個) × 材料単価

5-5
接続金物

接続金物 → 1式（別紙明細）

別紙明細
・種類（直線、Ｔ型など）、材質等を記載する。

124

Ⅰ　庁舎　5．雷保護設備

・鉄筋等接続端子、水切り端子等がある。

・接続金物	設計数量（個）	×	複合単価

5-6
保護管

保護管 → 1式（別紙明細）

別紙明細

・ステンレス管（非磁性のものに限る。）、黄銅管、硬質ビニル電線管等がある。
・種類、管の呼称等を摘要欄に記載する。

・保護管	設計数量（m）	×	複合単価、市場単価

5-7
土工事

土工事 → 1式（別紙明細）

別紙明細

・土工事は、人力作業又は機械作業等に区分し記載する。
・機械を使用する場合は、機械の運搬費、損料等を適切に計上する。
・建設発生土処理は、構内敷ならしの場合に記載する。

・根切り（機械）	計画数量（m³）	×	複合単価
・砂利地業（機械）	設計数量（m³）	×	複合単価
・埋戻し（機械）	計画数量（m³）	×	複合単価
・建設発生土処理（機械）	計画数量（m³）	×	複合単価
・土工機械運搬	1式		

5-8
接地工事

※直接仮設
※はつり工事
※取外し再取付け
※撤去

1．電灯設備　1-1　電灯幹線の当該事項による。

125

公共建築工事内訳書標準書式（設備工事編）の解説（電気設備）

6．受変電設備

6-1
高圧引込盤

$\boxed{設計数量（面）} \times \boxed{機器単価}$

・盤名称を摘要欄に記載する。

6-2
高圧受電盤

$\boxed{設計数量（面）} \times \boxed{機器単価}$

・盤名称を摘要欄に記載する。

6-3
高圧き電盤

$\boxed{設計数量（面）} \times \boxed{機器単価}$

・盤名称を摘要欄に記載する。

6-4
コンデンサ盤

$\boxed{設計数量（面）} \times \boxed{機器単価}$

・盤名称を摘要欄に記載する。

6-5
低圧配電盤

$\boxed{設計数量（面）} \times \boxed{機器単価}$

・盤名称を摘要欄に記載する。

6-6
絶縁監視装置

$\boxed{設計数量（面）} \times \boxed{機器単価}$

・盤名称を摘要欄に記載する。
・配電盤に組込まれている場合は、記載しない。

6-7
変圧器

$\boxed{設計数量（台）} \times \boxed{機器単価}$

・方式及び容量を摘要欄に記載する。
・方式は、絶縁方式（油入、モールドなど）を摘要欄に記載する。
・付属品（ダイヤル温度計、防振ゴムなど）を必要とする場合は、変圧器に含める。

6-8
高圧進相コンデンサ

$\boxed{設計数量（台）} \times \boxed{機器単価}$

・方式及び容量を摘要欄に記載する。

126

Ⅰ　庁舎　6．受変電設備

6-9
直列リアクトル

$\boxed{\text{設計数量（台）}} \times \boxed{\text{機器単価}}$

・方式及び容量を摘要欄に記載する。

・方式は、絶縁方式（油入、モールドなど）を摘要欄に記載する。

6-10
接地端子箱

$\boxed{\text{設計数量（個）}} \times \boxed{\text{複合単価}}$

・記号を摘要欄に記載する。

6-11
バスダクト

$\boxed{\text{設計数量（m、か所）}} \times \boxed{\text{複合単価}}$

・バスダクトは、形式及び仕様を摘要欄に記載する。

・形式は、屋内、屋外、耐火、絶縁導体、裸導体等を摘要欄に記載する。

・仕様は、導体材質（銅、アルミなど）、導体数、定格電流等を摘要欄に記載する。

・直線以外は、プラグイン、エルボ、オフセット、ティー、クロス、レジューサ等がある。

・付属品は、エンドクローザ、フィードインボックス等がある。

・バスダクトの支持材は含まないものとし、別項目（支持材）に計上する。

6-12
搬入費

$\boxed{\text{搬入費}} \rightarrow$　1式（別紙明細）

別紙明細

・質量100kg以上の機器類で現場敷地内の仮置場より設置場所までの搬入又は基礎上までの仮据付に適用する。

・補正率は重量品及び容積品に分けて適用する。

・搬入費　　　　　　　　　　　　$\boxed{\text{搬入機器質量（t）}} \times \boxed{\text{基準単価}} \times \boxed{\text{補正率}}$

6-13
※搬出費

$\boxed{\text{搬出費}} \rightarrow$　1式（別紙明細）

別紙明細

・質量100kg以上の機器類で取外し場所より現場敷地内の仮置場までの搬出に適用する。

・補正率は重量品及び容積品に分けて適用する。

公共建築工事内訳書標準書式（設備工事編）の解説（電気設備）

・搬出費　　　　　　　搬出機器質量（ｔ） × 基準単価 × 補正率

6-14
電線
ケーブル
電線管
金属ダクト・トラフ
ケーブルラック
ボックス類
支持材
防火区画貫通処理等
接地工事
塗装工事
施工費

※直接仮設
※はつり工事
※取外し再取付け
※撤去

１．電灯設備　1-1　電灯幹線の当該事項による。

Ⅰ　庁舎　7．電力貯蔵設備　7-1　直流電源

7．電力貯蔵設備

7-1
直流電源

7-1-1
整流装置

$\boxed{\text{設計数量（台）}} \times \boxed{\text{機器単価}}$

・仕様を摘要欄に記載する。

・仕様は、相数、線数、定格電圧、定格直流電流等を摘要欄に記載する。

・整流装置に蓄電池が組込まれる場合は、直流電源装置とし、蓄電池の形式（長寿命 MSE、MSE など）及び容量を摘要欄に記載する。

7-1-2
蓄電池収納盤

$\boxed{\text{設計数量（面）}} \times \boxed{\text{機器単価}}$

・盤名称を摘要欄に記載する。

7-1-3
蓄電池

$\boxed{\text{蓄電池}} \rightarrow 1$ 式（別紙明細）

・形式及び容量を摘要欄に記載する。

・形式は、長寿命 MSE、MSE 等を摘要欄に記載する。

・整流装置に組込まれる場合は、記載しない。

別紙明細

・蓄電池　　　　　　　　　　$\boxed{\text{設計数量（組）}} \times \boxed{\text{機器単価}}$

7-1-4
搬入費

$\boxed{\text{搬入費}} \rightarrow 1$ 式（別紙明細）

別紙明細

・質量100kg以上の機器類で現場敷地内の仮置場より設置場所までの搬入又は基礎上までの仮据付に適用する。

・補正率は重量品及び容積品に分けて適用する。

・搬入費　　　　　　$\boxed{\text{搬入機器質量（t）}} \times \boxed{\text{基準単価}} \times \boxed{\text{補正率}}$

7-1-5

$\boxed{\text{搬出費}} \rightarrow 1$ 式（別紙明細）

※搬出費

129

公共建築工事内訳書標準書式（設備工事編）の解説（電気設備）

別紙明細

・質量100kg以上の機器類で取外し場所より現場敷地内の仮置場までの搬出に適用する。

・補正率は重量品及び容積品に分けて適用する。

・搬出費　　　$\boxed{搬出機器質量（t）} \times \boxed{基準単価} \times \boxed{補正率}$

7-1-6
電線
ケーブル
電線管
金属ダクト・トラフ
ケーブルラック
ボックス類
支持材
防火区画貫通処理等
接地工事
塗装工事
施工費

※直接仮設
※はつり工事
※取外し再取付け
※撤去

１．電灯設備 1-1　電灯幹線の当該事項による。

7-2
交流無停電電源

7-2-1
UPS装置

$\boxed{設計数量（台）} \times \boxed{機器単価}$

・仕様及び容量を摘要欄に記載する。

・仕様は、相数、線数、定格電圧等を摘要欄に記載する。

・UPSに蓄電池が組込まれる場合は、形式（長寿命MSE、MSEなど）等を記載する。

7-2-2
入出力分岐盤

$\boxed{設計数量（面）} \times \boxed{機器単価}$

・盤名称を摘要欄に記載する。

7-2-3
バイパス盤

$\boxed{設計数量（面）} \times \boxed{機器単価}$

・盤名称を摘要欄に記載する。

Ⅰ　庁舎　7．電力貯蔵設備　7-2　交流無停電電源

7-2-4
蓄電池収納盤

設計数量（面） × 機器単価

・盤名称を摘要欄に記載する。

7-2-5
蓄電池

蓄電池 → 1式（別紙明細）

・形式を摘要欄に記載する。
・形式は、長寿命 MSE、MSE 等を摘要欄に記載する。
・装置に組込まれる場合は、記載しない。

別紙明細

> ・蓄電池　　　　　　　　　　　　　　設計数量（組） × 機器単価

7-2-6
搬入費

搬入費 → 1式（別紙明細）

別紙明細

・質量100kg以上の機器類で現場敷地内の仮置場より設置場所までの搬入又は基礎上までの仮据付に適用する。
・補正率は重量品及び容積品に分けて適用する。

> ・搬入費　　　　　　　　　　搬入機器質量（t） × 基準単価 × 補正率

7-2-7
※搬出費

搬出費 → 1式（別紙明細）

別紙明細

・質量100kg以上の機器類で取外し場所より現場敷地内の仮置場までの搬出に適用する。
・補正率は重量品及び容積品に分けて適用する。

> ・搬出費　　　　　　　　　　搬出機器質量（t） × 基準単価 × 補正率

7-2-8
据付費

据付費 → 1式（別紙明細）

別紙明細

・機器類及び盤類等の機器単価を別に計上する場合、取付費（結線費を含む。）

131

公共建築工事内訳書標準書式（設備工事編）の解説（電気設備）

を集計し1式として計上する。

・雑材料及び試験調整費は含まないものとし、別項目に計上する。

・製造業者又は専門工事業者の見積りによる場合は、数量等を確認し1式として計上してもよい。

7-2-9
試験調整費

試験調整費 → 1式（別紙明細）

別紙明細

・総合試験等のために必要な試験及び調整費を計上する。

・製造業者又は専門工事業者の見積りによる場合は、数量等を確認し1式として計上してもよい。

7-2-10
諸経費

諸経費 → 1式（別紙明細）

別紙明細

・諸経費は、製造業者又は専門工事業者の必要経費であり法定福利費を含んだものとし、1式として計上する。

7-2-11
電線
ケーブル
電線管
金属ダクト・トラフ
ケーブルラック
ボックス類
支持材
防火区画貫通処理等
接地工事
塗装工事

※直接仮設
※はつり工事
※取外し再取付け
※撤去

1．電灯設備 1-1 電灯幹線の当該事項による。

132

I　庁舎　7．電力貯蔵設備　7-3　電力平準化用蓄電

7-3
電力平準化用蓄電

7-3-1
電力平準化用蓄電
装置

設計数量（台）　×　機器単価

・仕様及び容量を摘要欄に記載する。
・仕様は、交流入力電圧、交流出力電圧、システム効率等を摘要欄に記載する。

7-3-2
蓄電池収納盤

設計数量（面）　×　機器単価

・盤名称を摘要欄に記載する。

7-3-3
蓄電池

蓄電池　→　１式（別紙明細）

・形式を摘要欄に記載する。
・形式は、リチウム二次電池、鉛蓄電池、ニッケル水素電池等を摘要欄に記載する。

別紙明細

・蓄電池　　　　　　　　　　　設計数量（組）　×　機器単価

7-3-4
搬入費

搬入費　→　１式（別紙明細）

別紙明細

・質量100kg以上の機器類で現場敷地内の仮置場より設置場所までの搬入又は基礎上までの仮据付に適用する。
・補正率は重量品及び容積品に分けて適用する。

・搬入費　　　　　　　　　搬入機器質量（t）　×　基準単価　×　補正率

7-3-5
※搬出費

搬出費　→　１式（別紙明細）

別紙明細

・質量100kg以上の機器類で取外し場所より現場敷地内の仮置場までの搬出に適用する。
・補正率は重量品及び容積品に分けて適用する。

133

公共建築工事内訳書標準書式（設備工事編）の解説（電気設備）

・搬出費　　　　　　　　　　　搬出機器質量（ t ）× 基準単価 × 補正率

7-3-6
据付費

据付費 → 1式（別紙明細）

別紙明細
・機器類及び盤類等の機器単価を別に計上する場合、取付費（結線費を含む。）
　を集計し1式として計上する。
・雑材料及び試験調整費は含まないものとし、別項目に計上する。
・製造業者又は専門工事業者の見積りによる場合は、数量等を確認し1式として
　計上してもよい。

7-3-7
試験調整費

試験調整費 → 1式（別紙明細）

別紙明細
・総合試験等のために必要な試験及び調整費を計上する。
・製造業者又は専門工事業者の見積りによる場合は、数量等を確認し1式として
　計上してもよい。

7-3-8
諸経費

諸経費 → 1式（別紙明細）

別紙明細
・諸経費は、製造業者又は専門工事業者の必要経費であり法定福利費を含んだも
　のとし、1式として計上する。

Ⅰ　庁舎　7．電力貯蔵設備　7-3　電力平準化用蓄電

7-3-9
電線
ケーブル
電線管
金属ダクト・トラ
フ
ケーブルラック
ボックス類
支持材
防火区画貫通処理
等
接地工事
塗装工事

※直接仮設
※はつり工事
※取外し再取付け
※撤去

1．電灯設備　1-1　電灯幹線の当該事項による。

135

公共建築工事内訳書標準書式（設備工事編）の解説（電気設備）

8．発電設備

8-1
自家発電（原動機）

8-1-1
発電装置

設計数量（台） × 機器単価

・定格及び電気方式を摘要欄に記載する。

・定格は、定格出力、定格回転速度、原動機種別等を摘要欄に記載する。

・電気方式は、相数、線数、定格電圧等を摘要欄に記載する。

・発電機盤、補機盤、始動装置等が共通台板に塔載される場合も、発電装置として
記載する。

8-1-2
発電機盤

設計数量（面） × 機器単価

・盤名称を摘要欄に記載する。

・発電機盤は、配電盤、継電器盤、自動始動盤等とする。

・発電装置に塔載される場合は、記載しない。

8-1-3
補機盤

設計数量（面） × 機器単価

・盤名称を摘要欄に記載する。

・補機盤は、燃料ポンプ、給排気ファン制御回路等を含むものとする。

・発電装置に塔載される場合は、記載しない。

8-1-4
始動装置

設計数量（台） × 機器単価

・方式を摘要欄に記載する。

・方式は、電気始動式、空気始動式等を摘要欄に記載する。

・始動装置は、自動始動補機盤、空気圧縮器、空気槽、始動用蓄電池盤等とする。

・発電装置に塔載される場合は、記載しない。

8-1-5
主燃料槽

設計数量（基） × 機器単価

・記号を摘要欄に記載する。

8-1-6
燃料小出槽

設計数量（基） × 機器単価

・記号を摘要欄に記載する。

136

I 庁舎 8．発電設備 8-1 自家発電（原動機）

・油面検出装置、油面計、点検口、ふた及び金属製はしごを含むものとする。

8-1-7
乾燥砂

$\boxed{\text{設計数量}(\text{m}^3)} \times \boxed{\text{材料単価}}$

8-1-8
給油ボックス

$\boxed{\text{設計数量}(\text{台})} \times \boxed{\text{機器単価}}$

・形式を摘要欄に記載する。
・形式は、壁掛（単独形、共用形など）、自立（共用形など）等を摘要欄に記載する。

8-1-9
消音器

$\boxed{\text{設計数量}(\text{台})} \times \boxed{\text{機器単価}}$

・仕様及びdB値を摘要欄に記載する。
・仕様は、鋼板製等を摘要欄に記載する。

8-1-10
燃料ポンプ

$\boxed{\text{設計数量}(\text{台})} \times \boxed{\text{機器単価}}$

・定格出力を摘要欄に記載する。

8-1-11
給気ダクト工事

$\boxed{\text{給気ダクト工事}} \rightarrow$ 1式（別紙明細）

別紙明細
・種類、材質等を摘要欄に記載する。
・専門工事業者等の見積りによる場合は、数量等を確認し1式として計上してもよい。

・給気ダクト工事 $\quad\boxed{\text{設計数量}(\text{m})} \times \boxed{\text{複合単価}}$

8-1-12
換気ダクト工事

$\boxed{\text{換気ダクト工事}} \rightarrow$ 1式（別紙明細）

別紙明細
・種類、材質等を摘要欄に記載する。
・専門工事業者等の見積りによる場合は、数量等を確認し1式として計上してもよい。

137

公共建築工事内訳書標準書式（設備工事編）の解説（電気設備）

・換気ダクト工事　　　　　　| 設計数量（m）| × | 複合単価 |

8-1-13
排気ダクト工事

| 排気ダクト工事 | → 1式（別紙明細）

別紙明細
・種類、材質等を摘要欄に記載する。
・専門工事業者等の見積りによる場合は、数量等を確認し1式として計上してもよい。

・排気ダクト工事　　　　　　| 設計数量（m）| × | 複合単価 |

8-1-14
燃料配管工事

| 燃料配管工事 | → 1式（別紙明細）

別紙明細
・種類、材質等を摘要欄に記載する。
・専門工事業者等の見積りによる場合は、数量等を確認し1式として計上してもよい。

・燃料配管工事　　　　　　| 設計数量（m）| × | 複合単価 |

8-1-15
排気配管工事

| 排気配管工事 | → 1式（別紙明細）

別紙明細
・種類、材質等を摘要欄に記載する。
・専門工事業者等の見積りによる場合は、数量等を確認し1式として計上してもよい。

・排気配管工事　　　　　　| 設計数量（m）| × | 複合単価 |

8-1-16
機器間ケーブル工事

| 機器間ケーブル工事 | → 1式（別紙明細）

別紙明細
・電線、ケーブル、配管等を含むものとする。

138

Ⅰ　庁舎　8．発電設備　8-1　自家発電（原動機）

・専門工事業者等の見積りによる場合は、数量等を確認し1式として計上しても
よい。

8-1-17
チェーンブロック

チェーンブロック　→　1式（別紙明細）

別紙明細

・形式、定格等を摘要欄に記載する。

・専門工事業者等の見積りによる場合は、数量等を確認し1式として計上しても
よい。

・チェーンブロック　　　　　　　　設計数量（台）　×　機器単価

8-1-18
搬入費

搬入費　→　1式（別紙明細）

別紙明細

・質量100kg以上の機器類で現場敷地内の仮置場より設置場所までの搬入又は基
礎上までの仮据付に適用する。

・補正率は重量品及び容積品に分けて適用する。

・搬入費　　　　　　　　搬入機器質量（t）　×　基準単価　×　補正率

8-1-19
※搬出費

搬出費　→　1式（別紙明細）

別紙明細

・質量100kg以上の機器類で取外し場所より現場敷地内の仮置場までの搬出に適
用する。

・補正率は重量品及び容積品に分けて適用する。

・搬出費　　　　　　　　搬出機器質量（t）　×　基準単価　×　補正率

8-1-20
基礎

基礎　→　1式（別紙明細）

別紙明細

・コンクリート基礎は鉄筋、型枠、コンクリート、モルタル等に区分する。

公共建築工事内訳書標準書式（設備工事編）の解説（電気設備）

- ・鉄筋　　　　　　　　　　設計数量(kg) × 複合単価
- ・型枠　　　　　　　　　　設計数量(m²) × 複合単価
- ・コンクリート　　　　　　設計数量(m³) × 複合単価
- ・モルタル　　　　　　　　設計数量(m²) × 複合単価

・寸法ごとに、複合単価として算出してもよい。

8-1-21
土工事

土工事 → 1式（別紙明細）

別紙明細
・土工事は、人力作業又は機械作業等に区分して記載する。
・機械を使用する場合は、機械の運搬費、損料等を適切に計上する。
・建設発生土処理は、構内敷ならしの場合に記載する。

- ・根切り（機械）　　　　　計画数量(m³) × 複合単価
- ・砂利地業（機械）　　　　設計数量(m³) × 複合単価
- ・埋戻し（機械）　　　　　計画数量(m³) × 複合単価
- ・建設発生土処理（機械）　計画数量(m³) × 複合単価
- ・土工機械運搬　　　　　　1式

8-1-22
据付費

据付費 → 1式（別紙明細）

別紙明細
・機器類及び盤類等の機器単価を別に計上する場合、取付費（結線費を含む。）を集計し1式として計上する。
・雑材料及び試験調整費は含まないものとし、別項目に計上する。
・製造業者又は専門工事業者の見積りによる場合は、数量等を確認し1式として計上してもよい。

8-1-23
試験調整費

試験調整費 → 1式（別紙明細）

別紙明細
・総合試験等のために必要な試験及び調整費を計上する。

Ⅰ　庁舎　8．発電設備　8-2　燃料電池発電

・製造業者又は専門工事業者の見積りによる場合は、数量等を確認し1式として計上してもよい。

8-1-24
諸経費

$\boxed{\text{諸経費}}$ → 1式（別紙明細）

別紙明細
・諸経費は、製造業者又は専門工事業者の必要経費であり法定福利費を含んだものとし、1式として計上する。

8-1-25
電線
ケーブル
電線管
金属ダクト・トラフ
ケーブルラック
ボックス類
支持材
防火区画貫通処理等
接地工事
塗装工事

※直接仮設
※はつり工事
※取外し再取付け
※撤去

1．**電灯設備 1-1　電灯幹線**の当該事項による。

8-2
燃料電池発電
　8-2-1
　燃料電池発電装置

$\boxed{\text{設計数量（台）}}$ × $\boxed{\text{機器単価}}$
・定格及び電気方式を摘要欄に記載する。
・定格は、定格出力、定格電圧等を摘要欄に記載する。
・電気方式は、相数、線数等を摘要欄に記載する。

8-2-2
搬入費

$\boxed{\text{搬入費}}$ → 1式（別紙明細）

別紙明細
・質量100kg以上の機器類で現場敷地内の仮置場より設置場所までの搬入又は基礎上までの仮据付に適用する。

141

公共建築工事内訳書標準書式（設備工事編）の解説（電気設備）

・補正率は重量品及び容積品に分けて適用する。

| ・搬入費 | 搬入機器質量（t） | × | 基準単価 | × | 補正率 |

8-2-3
※搬出費

搬出費 → 1式（別紙明細）

別紙明細

・質量100kg以上の機器類で取外し場所より現場敷地内の仮置場までの搬出に適用する。
・補正率は重量品及び容積品に分けて適用する。

| ・搬出費 | 搬出機器質量（t） | × | 基準単価 | × | 補正率 |

8-2-4
据付費

据付費 → 1式（別紙明細）

別紙明細

・機器類及び盤類等の機器単価を別に計上する場合、取付費（結線費を含む。）を集計し1式として計上する。
・雑材料及び試験調整費は含まないものとし、別項目に計上する。
・製造業者又は専門工事業者の見積りによる場合は、数量等を確認し1式として計上してもよい。

8-2-5
試験調整費

試験調整費 → 1式（別紙明細）

別紙明細

・総合試験等のために必要な試験及び調整費を計上する。
・製造業者又は専門工事業者の見積りによる場合は、数量等を確認し1式として計上してもよい。

8-2-6
諸経費

諸経費 → 1式（別紙明細）

別紙明細

・諸経費は、製造業者又は専門工事業者の必要経費であり法定福利費を含んだものとし、1式として計上する。

142

Ⅰ　庁舎　8．発電設備　8-3　太陽光発電

8-2-7
電線
ケーブル
電線管
金属ダクト・トラフ
ケーブルラック
ボックス類
支持材
防火区画貫通処理等
接地工事
塗装工事

※直接仮設
※はつり工事
※取外し再取付け
※撤去

1．電灯設備 1-1　電灯幹線の当該事項による。

8-3
太陽光発電
　8-3-1
　　太陽電池

太陽電池　→　1式（別紙明細）

・標準太陽電池アレイ公称出力を摘要欄に記載する。

別紙明細
・形式、公称最大出力等を摘要欄に記載する。
・専門工事業者等の見積りによる場合は、数量等を確認し1式として計上してもよい。

・太陽電池モジュール（○ kW）　　設計数量（枚）　×　機器単価

　8-3-2
　　架台

架台　→　1式（別紙明細）

別紙明細
・形式、材質、強度等を摘要欄に記載する。
・専門工事業者等の見積りによる場合は、数量等を確認し1式として計上してもよい。

・架台　　　　　　　　　　　　　設計数量（組）　×　機器単価

143

公共建築工事内訳書標準書式（設備工事編）の解説（電気設備）

8-3-3
パワーコンディショナ

$\boxed{設計数量（台）} \times \boxed{機器単価}$

・形式及び容量を摘要欄に記載する。
・形式は、屋内形、屋外形、壁掛、自立等を摘要欄に記載する。

8-3-4
表示装置

$\boxed{設計数量（台）} \times \boxed{機器単価}$

・表示方式及び画面サイズを摘要欄に記載する。
・表示方式は、発光ダイオード式、液晶式等を摘要欄に記載する。

8-3-5
データ収集装置

$\boxed{設計数量（台）} \times \boxed{機器単価}$

8-3-6
接続箱

$\boxed{接続箱} \rightarrow$ 1式（別紙明細）

別紙明細
・形式、材質等を摘要欄に記載する。

・接続箱　　　　　　　　　$\boxed{設計数量（個）} \times \boxed{機器単価}$

8-3-7
変換器箱

$\boxed{変換器箱} \rightarrow$ 1式（別紙明細）

別紙明細
・形式、材質等を摘要欄に記載する。

・変換器箱　　　　　　　　$\boxed{設計数量（個）} \times \boxed{機器単価}$

8-3-8
計測機器

$\boxed{計測機器} \rightarrow$ 1式（別紙明細）

別紙明細
・形式、用途（気温計、日照計など）等を摘要欄に記載する。

・計測機器　　　　　　　　$\boxed{設計数量（個）} \times \boxed{機器単価}$

144

Ⅰ　庁舎　8．発電設備　8-3　太陽光発電

8-3-9
機器間ケーブル工事

機器間ケーブル工事 → 1式（別紙明細）

別紙明細

・電線、ケーブル、配管等を含むものとする。

・専門工事業者等の見積りによる場合は、数量等を確認し1式として計上しても
よい。

8-3-10
搬入費

搬入費 → 1式（別紙明細）

別紙明細

・質量100kg以上の機器類で現場敷地内の仮置場より設置場所までの搬入又は基
礎上までの仮据付に適用する。

・補正率は重量品及び容積品に分けて適用する。

・搬入費　　　　　　　搬入機器質量(t) × 基準単価 × 補正率

8-3-11
※搬出費

搬出費 → 1式（別紙明細）

別紙明細

・質量100kg以上の機器類で取外し場所より現場敷地内の仮置場までの搬出に適
用する。

・補正率は重量品及び容積品に分けて適用する。

・搬出費　　　　　　　搬出機器質量(t) × 基準単価 × 補正率

8-3-12
据付費

据付費 → 1式（別紙明細）

別紙明細

・機器類及び盤類等の機器単価を別に計上する場合、取付費（結線費を含む。）
を集計し1式として計上する。

・雑材料及び試験調整費は含まないものとし、別項目に計上する。

・製造業者又は専門工事業者の見積りによる場合は、数量等を確認し1式として
計上してもよい。

145

公共建築工事内訳書標準書式（設備工事編）の解説（電気設備）

8-3-13
試験調整費

試験調整費 → 1式（別紙明細）

別紙明細
・総合試験等のために必要な試験及び調整費を計上する。
・製造業者又は専門工事業者の見積りによる場合は、数量等を確認し1式として計上してもよい。

8-3-14
諸経費

諸経費 → 1式（別紙明細）

別紙明細
・諸経費は、製造業者又は専門工事業者の必要経費であり法定福利費を含んだものとし、1式として計上する。

8-3-15
電線
ケーブル
電線管
ケーブルラック
ボックス類
防火区画貫通処理
等
接地工事
塗装工事

※直接仮設
※はつり工事
※取外し再取付け
※撤去

1．電灯設備 1-1　電灯幹線の当該事項による。

8-4
風力発電
　8-4-1
　風力発電装置

設計数量（基）× 機器単価

・形式及び定格出力を摘要欄に記載する。
・形式は、プロペラ形、ダリウス形、サボニウス形等を摘要欄に記載する。

　8-4-2
　制御装置

設計数量（台）× 機器単価

・形式を摘要欄に記載する。
・形式は、屋内形、屋外形、壁掛、自立等を摘要欄に記載する。

146

Ⅰ　庁舎　8．発電設備　8-4　風力発電

8-4-3
支持構造物

$\boxed{設計数量（基）} \times \boxed{機器単価}$

・仕様及び寸法を摘要欄に記載する。

・仕様は、鋼管製等を摘要欄に記載する。

8-4-4
基礎

$\boxed{基礎} \rightarrow$　1式（別紙明細）

別紙明細

・コンクリート基礎は鉄筋、型枠、コンクリート、モルタル等に区分する。

・鉄筋	$\boxed{設計数量（kg）}$	$\times$ $\boxed{複合単価}$
・型枠	$\boxed{設計数量（m^2）}$	$\times$ $\boxed{複合単価}$
・コンクリート	$\boxed{設計数量（m^3）}$	$\times$ $\boxed{複合単価}$
・モルタル	$\boxed{設計数量（m^2）}$	$\times$ $\boxed{複合単価}$

・寸法ごとに、複合単価として算出してもよい。

8-4-5
据付費

$\boxed{据付費} \rightarrow$　1式（別紙明細）

別紙明細

・機器類及び盤類等の機器単価を別に計上する場合、取付費（結線費を含む。）を集計し1式として計上する。

・雑材料及び試験調整費は含まないものとし、別項目に計上する。

・製造業者又は専門工事業者の見積りによる場合は、数量等を確認し1式として計上してもよい。

8-4-6
試験調整費

$\boxed{試験調整費} \rightarrow$　1式（別紙明細）

別紙明細

・総合試験等のために必要な試験及び調整費を計上する。

・製造業者又は専門工事業者の見積りによる場合は、数量等を確認し1式として計上してもよい。

8-4-7
諸経費

$\boxed{諸経費} \rightarrow$　1式（別紙明細）

147

公共建築工事内訳書標準書式（設備工事編）の解説（電気設備）

別紙明細

・諸経費は、製造業者又は専門工事業者の必要経費であり法定福利費を含んだものとし、1式として計上する。

8-4-8
電線
ケーブル
電線管
金属ダクト・トラフ
ケーブルラック
ボックス類
支持材
防火区画貫通処理等
接地工事
塗装工事

※直接仮設
※はつり工事
※取外し再取付け
※撤去

1．電灯設備 1-1　電灯幹線の当該事項による。

Ⅰ　庁舎　9．構内情報通信網設備

9．構内情報通信網設備

9-1
機器収納架

設計数量（台） × 機器単価

・仕様及び収納機器を摘要欄に記載する。
・仕様は、規格、寸法等を摘要欄に記載する。
・収納機器は、スイッチ、ルータ等を摘要欄に記載する。

9-2
幹線用スイッチ

設計数量（台） × 機器単価

・仕様を摘要欄に記載する。
・仕様は、ポート数、インタフェース等を摘要欄に記載する。

9-3
ルータ

設計数量（台） × 機器単価

・仕様を摘要欄に記載する。
・仕様は、ポート数、インタフェース等を摘要欄に記載する。

9-4
メディアコンバータ

設計数量（台） × 機器単価

・仕様を摘要欄に記載する。
・仕様は、ポート数、インタフェース等を摘要欄に記載する。

9-5
ファイヤーウォール

設計数量（台） × 機器単価

・仕様を摘要欄に記載する。
・仕様は、インタフェースの種類及び数量、処理能力等を摘要欄に記載する。

9-6
支線用スイッチ

設計数量（台） × 機器単価

・仕様を摘要欄に記載する。
・仕様は、ポート数、インタフェース等を摘要欄に記載する。

9-7
フロア用スイッチ

設計数量（台） × 機器単価

・仕様を摘要欄に記載する。
・仕様は、ポート数、インタフェース等を摘要欄に記載する。

公共建築工事内訳書標準書式（設備工事編）の解説（電気設備）

9-8
無線アクセスポイント

$\boxed{\text{設計数量（台）}} \times \boxed{\text{機器単価}}$

・仕様を摘要欄に記載する。

・仕様は、周波数帯域、最大伝送速度、変調方式等を摘要欄に記載する。

9-9
光成端箱

$\boxed{\text{設計数量（個）}} \times \boxed{\text{機器単価}}$

9-10
ネットワーク管理装置

$\boxed{\text{設計数量（台）}} \times \boxed{\text{機器単価}}$

9-11
電源装置

$\boxed{\text{設計数量（台）}} \times \boxed{\text{機器単価}}$

・容量を摘要欄に記載する。

9-12
ソフトウェア

$\boxed{\text{ソフトウェア}} \rightarrow$ 1式（別紙明細）

別紙明細

・専門工事業者等の見積内容について主要な機能等を確認する。

9-13
情報用アウトレット

$\boxed{\text{情報用アウトレット}} \rightarrow$ 1式（別紙明細）

別紙明細

・種類、材質等を摘要欄に記載する。

・通信コネクタを含む。

・二重床用情報用アウトレットは含まないものとする。

・情報用アウトレット　　$\boxed{\text{設計数量（個）}} \times \boxed{\text{複合単価}}$

9-14
二重床用情報用アウトレット

$\boxed{\text{二重床用情報用アウトレット}} \rightarrow$ 1式（別紙明細）

別紙明細

・種類、材質等を摘要欄に記載する。

・通信コネクタを含む。

150

Ⅰ　庁舎　9．構内情報通信網設備

・二重床用情報用アウトレット　　設計数量(個) × 複合単価

9-15
据付費

据付費 → 　1式（別紙明細）

別紙明細
・機器類及び盤類等の機器単価を別に計上する場合、取付費（結線費を含む。）を集計し1式として計上する。
・雑材料及び試験調整費は含まないものとし、別項目に計上する。
・製造業者又は専門工事業者の見積りによる場合は、数量等を確認し1式として計上してもよい。

9-16
試験調整費

試験調整費 → 　1式（別紙明細）

別紙明細
・総合試験等のために必要な試験及び調整費を計上する。
・製造業者又は専門工事業者の見積りによる場合は、数量等を確認し1式として計上してもよい。

9-17
諸経費

諸経費 → 　1式（別紙明細）

別紙明細
・諸経費は、製造業者又は専門工事業者の必要経費であり法定福利費を含んだものとし、1式として計上する。

151

公共建築工事内訳書標準書式（設備工事編）の解説（電気設備）

9-18
ケーブル
電線管
金属ダクト・トラフ
ケーブルラック
ボックス類
支持材
防火区画貫通処理等
接地工事
塗装工事

※直接仮設
※はつり工事
※取外し再取付け
※撤去

１．電灯設備 1-1　電灯幹線の当該事項による。

10. 構内交換設備

**10-1
交換装置**

設計数量（台） × 機器単価
・方式、局線数及び内線数を摘要欄に記載する。
・方式は、PBX、ボタン電話、局線中継台方式、分散中継台方式、ダイヤルイン
　方式等を摘要欄に記載する。
・本配線盤、電源装置等が組込まれる場合は、摘要欄に記載する。

**10-2
局線中継台**

設計数量（台） × 機器単価
・形式を摘要欄に記載する。
・形式は、卓上等を摘要欄に記載する。

**10-3
本配線盤**

設計数量（面） × 機器単価
・形式及び実装数を摘要欄に記載する。
・形式は、自立、壁掛等を摘要欄に記載する。
・交換機に組込まれる場合は、記載しない。

**10-4
電源装置**

設計数量（台） × 機器単価
・形式を摘要欄に記載する。
・形式は、自立等を摘要欄に記載する。
・交換機に組込まれる場合は、記載しない。

**10-5
局線表示盤**

設計数量（面） × 機器単価
・形式及び窓数を摘要欄に記載する。
・形式は、卓上、壁掛等を摘要欄に記載する。

**10-6
料金課金装置**

設計数量（台） × 機器単価
・形式を摘要欄に記載する。
・形式は、卓上、壁掛、自立等を摘要欄に記載する。

公共建築工事内訳書標準書式（設備工事編）の解説（電気設備）

10-7
一般電話機

$\boxed{\text{設計数量（台）}} \times \boxed{\text{複合単価}}$

・仕様を摘要欄に記載する。

・仕様は、停電対応型等を摘要欄に記載する。

10-8
多機能電話機

$\boxed{\text{設計数量（台）}} \times \boxed{\text{複合単価}}$

・仕様を摘要欄に記載する。

・仕様は、短縮ボタン数、停電対応型等を摘要欄に記載する。

10-9
デジタルコードレス
電話機

$\boxed{\text{設計数量（台）}} \times \boxed{\text{複合単価}}$

・仕様を摘要欄に記載する。

・仕様は、防水形等を摘要欄に記載する。

10-10
端子盤

$\boxed{\text{設計数量（面）}} \times \boxed{\text{複合単価}}$

・盤名称を摘要欄に記載する。

10-11
接地端子箱

$\boxed{\text{設計数量（個）}} \times \boxed{\text{複合単価}}$

・記号を摘要欄に記載する。

10-12
端子接続

$\boxed{\text{端子接続}} \rightarrow$ 1式（別紙明細）

別紙明細

・通信用ケーブルの対数等を摘要欄に記載する。

・端子接続 $\boxed{\text{設計数量（か所）}} \times \boxed{\text{複合単価}}$

10-13
電話用アウトレット

$\boxed{\text{電話用アウトレット}} \rightarrow$ 1式（別紙明細）

別紙明細

・種類、材質等を摘要欄に記載する。

・通信コネクタを含む。

・二重床用電話用アウトレットは含まないものとする。

154

Ⅰ　庁舎　10．構内交換設備

> ・電話用アウトレット　　　　　　　　設計数量(個) × 複合単価

10-14
二重床用電話用アウトレット

二重床用電話用アウトレット　→　1式（別紙明細）

別紙明細
・種類、材質等を摘要欄に記載する。
・通信コネクタを含む。

> ・二重床用電話用アウトレット　　　設計数量(個) × 複合単価

10-15
据付費

据付費　→　1式（別紙明細）

別紙明細
・機器類及び盤類等の機器単価を別に計上する場合、取付費（結線費を含む。）
　を集計し1式として計上する。
・雑材料及び試験調整費は含まないものとし、別項目に計上する。
・製造業者又は専門工事業者の見積りによる場合は、数量等を確認し1式として
　計上してもよい。

10-16
試験調整費

試験調整費　→　1式（別紙明細）

別紙明細
・総合試験等のために必要な試験及び調整費を計上する。
・製造業者又は専門工事業者の見積りによる場合は、数量等を確認し1式として
　計上してもよい。

10-17
諸経費

諸経費　→　1式（別紙明細）

別紙明細
・諸経費は、製造業者又は専門工事業者の必要経費であり法定福利費を含んだも
　のとし、1式として計上する。

公共建築工事内訳書標準書式（設備工事編）の解説（電気設備）

10-18
電線
ケーブル
電線管
金属ダクト・トラフ
ケーブルラック
ボックス類
支持材
防火区画貫通処理等
接地工事
塗装工事

※直接仮設
※はつり工事
※取外し再取付け
※撤去

1．電灯設備 1-1　電灯幹線の当該事項による。

11. 情報表示設備

11-1 マルチサイン

11-1-1 情報表示盤

$\boxed{設計数量（面）} \times \boxed{機器単価}$

・記号及び画面サイズを摘要欄に記載する。

11-1-2 操作制御装置

$\boxed{設計数量（台）} \times \boxed{機器単価}$

・形式を摘要欄に記載する。

・形式は、卓上等を摘要欄に記載する。

11-1-3 端子盤

$\boxed{設計数量（面）} \times \boxed{複合単価}$

・盤名称を摘要欄に記載する。

11-1-4 端子接続

$\boxed{端子接続} \rightarrow$ 1式 （別紙明細）

別紙明細

・通信用ケーブルの対数等を摘要欄に記載する。

> ・端子接続　　　　　　　$\boxed{設計数量（か所）} \times \boxed{複合単価}$

11-1-5 配線器具

$\boxed{配線器具} \rightarrow$ 1式 （別紙明細）

別紙明細

・種類、材質等を摘要欄に記載する。

> ・配線器具　　　　　　　$\boxed{設計数量（個）} \times \boxed{複合単価}$

11-1-6 据付費

$\boxed{据付費} \rightarrow$ 1式 （別紙明細）

別紙明細

・機器類及び盤類等の機器単価を別に計上する場合、取付費（結線費を含む。）

公共建築工事内訳書標準書式（設備工事編）の解説（電気設備）

を集計し、1式として計上する。

・雑材料及び試験調整費は含まないものとし、別項目に計上する。

・製造業者又は専門工事業者の見積りによる場合は、数量等を確認し1式として計上してもよい。

11-1-7
試験調整費

試験調整費 → 1式（別紙明細）

別紙明細

・総合試験等のために必要な試験及び調整費を計上する。

・製造業者又は専門工事業者の見積りによる場合は、数量等を確認し1式として計上してもよい。

11-1-8
諸経費

諸経費 → 1式（別紙明細）

別紙明細

・諸経費は、製造業者又は専門工事業者の必要経費であり法定福利費を含んだものとし、1式として計上する。

11-1-9
電線
ケーブル
電線管
金属ダクト・トラフ
ケーブルラック
ボックス類
支持材
防火区画貫通処理等
接地工事
塗装工事

※直接仮設
※はつり工事
※取外し再取付け
※撤去

1．電灯設備 1-1 電灯幹線の当該事項による。

158

I 庁舎 11. 情報表示設備 11-2 出退表示

11-2 出退表示

11-2-1 出退表示盤

設計数量（面） × 機器単価

・記号を摘要欄に記載する。

11-2-2 制御装置

設計数量（台） × 機器単価

・形式を摘要欄に記載する。
・形式は、壁掛、自立等を摘要欄に記載する。

11-2-3 発信器

設計数量（個） × 複合単価

・記号を摘要欄に記載する。

11-2-4 端子盤

設計数量（面） × 複合単価

・盤名称を摘要欄に記載する。

11-2-5 端子接続

端子接続 → 1式（別紙明細）

別紙明細

・通信用ケーブルの対数等を摘要欄に記載する。

・端子接続　　　　　　　　設計数量（か所） × 複合単価

11-2-6 配線器具

配線器具 → 1式（別紙明細）

別紙明細

・種類、材質等を摘要欄に記載する。

・配線器具　　　　　　　　設計数量（個） × 複合単価

159

公共建築工事内訳書標準書式（設備工事編）の解説（電気設備）

11-2-7 電線 ケーブル 電線管 金属ダクト・トラフ ケーブルラック ボックス類 支持材 防火区画貫通処理等 接地工事 塗装工事 施工費 ※直接仮設 ※はつり工事 ※取外し再取付け ※撤去	1．電灯設備 1-1　電灯幹線の当該事項による。

11-3
時刻表示

11-3-1
親時計

$\boxed{設計数量（台）} \times \boxed{機器単価}$

・記号を摘要欄に記載する。

11-3-2
アナログ子時計

$\boxed{設計数量（個）} \times \boxed{複合単価}$

・記号を摘要欄に記載する。

11-3-3
デジタル子時計

$\boxed{設計数量（個）} \times \boxed{複合単価}$

・記号を摘要欄に記載する。

11-3-4
電波受信アンテナ

$\boxed{設計数量（個）} \times \boxed{複合単価}$

・形式を摘要欄に記載する。

・形式は、長波受信器、FM アンテナ等を摘要欄に記載する。

11-3-5
端子盤

$\boxed{設計数量（面）} \times \boxed{複合単価}$

・盤名称を摘要欄に記載する。

I　庁舎 11．情報表示設備　11-3　時刻表示

11-3-6
端子接続

端子接続 → 1式（別紙明細）

別紙明細
・通信用ケーブルの対数等を摘要欄に記載する。

・端子接続	設計数量（か所） × 複合単価

11-3-7
配線器具

配線器具 → 1式（別紙明細）

別紙明細
・種類、材質等を摘要欄に記載する。

・配線器具	設計数量（個） × 複合単価

11-3-8
電線
ケーブル
電線管
金属ダクト・トラフ
ケーブルラック
ボックス類
支持材
防火区画貫通処理等
接地工事
塗装工事
施工費

※直接仮設
※はつり工事
※取外し再取付け
※撤去

1．電灯設備 1-1　電灯幹線の当該事項による。

161

公共建築工事内訳書標準書式（設備工事編）の解説（電気設備）

12. 映像・音響設備

**12-1
ＡＶ 機器収納架**

設計数量(台) × 機器単価

・仕様及び収納機器を摘要欄に記載する。

・仕様は、規格、寸法等を摘要欄に記載する。

・収納機器は、増幅器、レコーダ、CD プレーヤ等を摘要欄に記載する。

**12-2
ＡＶ 操作卓**

設計数量(台) × 機器単価

・仕様及び収納機器を摘要欄に記載する。

・仕様は、卓上、デスク形、ワゴン等を摘要欄に記載する。

・収納機器は、ミキサー、レコーダ、アンプ等を摘要欄に記載する。

**12-3
プロジェクタ**

設計数量(台) × 機器単価

・記号を摘要欄に記載する。

**12-4
スクリーン**

設計数量(台) × 機器単価

・記号を摘要欄に記載する。

**12-5
電動昇降装置**

設計数量(台) × 機器単価

**12-6
書画カメラ**

設計数量(台) × 機器単価

・形式を摘要欄に記載する。

・形式は、据置形、可搬形等を摘要欄に記載する。

**12-7
カラーモニタ**

設計数量(台) × 機器単価

・形式、表示方式及び画面サイズを摘要欄に記載する。

・形式は、卓上、壁掛、天井つり下げ等を摘要欄に記載する。

・表示方式は、液晶式等を摘要欄に記載する。

162

I　庁舎 12. 映像・音響設備

12-8
配線接続盤

$$\boxed{設計数量（面）} \times \boxed{機器単価}$$

・形式を摘要欄に記載する。
・形式は、埋込、壁掛等を摘要欄に記載する。

12-9
マイクロホン

$$\boxed{設計数量（個）} \times \boxed{機器単価}$$

・形式を摘要欄に記載する。
・形式は、ダイナミック形、コンデンサ形、ワイヤレス形等を摘要欄に記載する。

12-10
集合形スピーカ

$$\boxed{設計数量（個）} \times \boxed{複合単価}$$

・記号及び形式を摘要欄に記載する。
・形式は、壁掛等を摘要欄に記載する。

12-11
天井形スピーカ

$$\boxed{設計数量（個）} \times \boxed{複合単価}$$

・記号を摘要欄に記載する。

12-12
ワイヤレスアンテナ

$$\boxed{設計数量（個）} \times \boxed{複合単価}$$

・形式を摘要欄に記載する。
・形式は、天井付、壁付等を摘要欄に記載する。

12-13
カットリレー盤

$$\boxed{設計数量（面）} \times \boxed{複合単価}$$

・仕様を摘要欄に記載する。
・仕様は、埋込、露出、回路数等を摘要欄に記載する。

12-14
端子盤

$$\boxed{設計数量（面）} \times \boxed{複合単価}$$

・盤名称を摘要欄に記載する。

12-15
配線器具

$$\boxed{配線器具} \rightarrow 1 式（別紙明細）$$

別紙明細
・種類、材質等を摘要欄に記載する。

163

公共建築工事内訳書標準書式（設備工事編）の解説（電気設備）

> ・配線器具 　　　　　　　　　　　　　 設計数量（個） × 複合単価

12-16
端子接続

端子接続 → １式（別紙明細）

別紙明細
・通信用ケーブルの対数等を摘要欄に記載する。

> ・端子接続 　　　　　　　　　　　　　 設計数量（か所） × 複合単価

12-17
機器間ケーブル工事

機器間ケーブル工事 → １式（別紙明細）

別紙明細
・電線、ケーブル、配管等を含むものとする。
・専門工事業者等の見積りによる場合は、数量等を確認し１式として計上しても
　よい。

12-18
据付費

据付費 → １式（別紙明細）

別紙明細
・機器類及び盤類等の機器単価を別に計上する場合、取付費（結線費を含む。）
　を集計し１式として計上する。
・雑材料及び試験調整費は含まないものとし、別項目に計上する。
・製造業者又は専門工事業者の見積りによる場合は、数量等を確認し１式として
　計上してもよい。

12-19
試験調整費

試験調整費 → １式（別紙明紙）

別紙明細
・総合試験等のために必要な試験及び調整費を計上する。
・製造業者又は専門工事業者の見積りによる場合は、数量等を確認し１式として
　計上してもよい。

164

I 庁舎 12. 映像・音響設備

12-20
諸経費

$\boxed{諸経費}$ → 1式（別紙明細）

別紙明細
　・諸経費は、製造業者又は専門工事業者の必要経費であり法定福利費を含んだものとし、1式として計上する。

12-21
電線
ケーブル
電線管
金属ダクト・トラフ
ケーブルラック
ボックス類
支持材
防火区画貫通処理等
接地工事
塗装工事

※直接仮設
※はつり工事
※取外し再取付け
※撤去

1．**電灯設備 1-1　電灯幹線**の当該事項による。

165

公共建築工事内訳書標準書式（設備工事編）の解説（電気設備）

13. 拡声設備

13-1
一般・非常業務放送架

$\boxed{\text{設計数量（台）}} \times \boxed{\text{機器単価}}$

・形式、定格出力及び収納機器を摘要欄に記載する。
・形式は、卓上、ラック等を摘要欄に記載する。
・収納機器は、BGM 装置、アナウンスレコーダ、CD プレーヤ等を摘要欄に記載する。

13-2
リモコンマイク

$\boxed{\text{設計数量（個）}} \times \boxed{\text{複合単価}}$

・出力制御数を摘要欄に記載する。

13-3
スピーカ

$\boxed{\text{設計数量（個）}} \times \boxed{\text{複合単価}}$

・記号を摘要欄に記載する。

13-4
ラジオ用アンテナ

$\boxed{\text{設計数量（個）}} \times \boxed{\text{複合単価}}$

・形式を摘要欄に記載する。
・形式は、ホイップ形等を摘要欄に記載する。

13-5
アッテネータ

$\boxed{\text{設計数量（個）}} \times \boxed{\text{複合単価}}$

・記号を摘要欄に記載する。

13-6
端子盤

$\boxed{\text{設計数量（面）}} \times \boxed{\text{複合単価}}$

・盤名称を摘要欄に記載する。

13-7
端子接続

$\boxed{\text{端子接続}} \rightarrow$ 1式（別紙明細）

別紙明細
・通信用ケーブルの対数等を摘要欄に記載する。

・端子接続　　　　$\boxed{\text{設計数量（か所）}} \times \boxed{\text{複合単価}}$

166

I 庁舎 13. 拡声設備

13-8
電線
ケーブル
電線管
金属ダクト・トラフ
ケーブルラック
ボックス類
支持材
防火区画貫通処理等
接地工事
塗装工事
施工費

※直接仮設
※はつり工事
※取外し再取付け
※撤去

1．電灯設備 1-1　電灯幹線の当該事項による。

公共建築工事内訳書標準書式（設備工事編）の解説（電気設備）

14. 誘導支援設備

14-1
音声誘導

14-1-1
制御装置

設計数量（台） × 機器単価

・形式を摘要欄に記載する。

・形式は、壁掛、卓上等を摘要欄に記載する。

14-1-2
検出装置

設計数量（台） × 機器単価

・形式を摘要欄に記載する。

・形式は、磁気式、無線式、画像認識等を摘要欄に記載する。

14-1-3
スピーカ

設計数量（個） × 複合単価

・記号を摘要欄に記載する。

14-1-4
端子盤

設計数量（面） × 複合単価

・盤名称を摘要欄に記載する。

14-1-5
端子接続

端子接続 → 1式（別紙明細）

別紙明細

・通信用ケーブルの対数等を摘要欄に記載する。

・端子接続　　　　　　　　　　設計数量（か所） × 複合単価

14-1-6
配線器具

配線器具 → 1式（別紙明細）

別紙明細

・種類、材質等を摘要欄に記載する。

・配線器具　　　　　　　　　　設計数量（個） × 複合単価

168

Ⅰ　庁舎 14．誘導支援設備　14-1　音声誘導

14-1-7
据付費

据付費 → 1式（別紙明細）

別紙明細

・機器類及び盤類等の機器単価を別に計上する場合、取付費（結線費を含む。）を集計し、1式として計上する。
・雑材料及び試験調整費は含まないものとし、別項目に計上する。
・製造業者又は専門工事業者の見積りによる場合は、数量等を確認し1式として計上してもよい。

14-1-8
試験調整費

試験調整費 → 1式（別紙明細）

別紙明細

・総合試験等のために必要な試験及び調整費を計上する。
・製造業者又は専門工事業者の見積りによる場合は、数量等を確認し1式として計上してもよい。

14-1-9
諸経費

諸経費 → 1式（別紙明細）

別紙明細

・諸経費は、製造業者又は専門工事業者の必要経費であり法定福利費を含んだものとし、1式として計上する。

14-1-10
電線
ケーブル
電線管
金属ダクト・トラフ
ケーブルラック
ボックス類
支持材
防火区画貫通処理等
接地工事
塗装工事

※直接仮設
※はつり工事
※取外し再取付け
※撤去

1．電灯設備 1-1　電灯幹線の当該事項による。

169

公共建築工事内訳書標準書式（設備工事編）の解説（電気設備）

14-2
インターホン

14-2-1
テレビインターホン

設計数量（台） × 複合単価

・方式及び仕様を摘要欄に記載する。
・方式は、親子式、相互式等を摘要欄に記載する。
・仕様は、形式（卓上、壁掛など）、定格（回線数、親機、子機など）等を摘要欄に記載する。

14-2-2
外部受付用インターホン

設計数量（台） × 複合単価

・仕様を摘要欄に記載する。
・仕様は、形式（壁掛、卓上など）、定格（回線数、親機、子機など）等を摘要欄に記載する。

14-2-3
電源装置

設計数量（個） × 複合単価

・仕様を摘要欄に記載する。
・仕様は、壁掛、卓上、定格出力等を摘要欄に記載する。

14-2-4
端子盤

設計数量（面） × 複合単価

・盤名称を摘要欄に記載する。

14-2-5
端子接続

端子接続 → 1式（別紙明細）

別紙明細
・通信用ケーブルの対数等などを摘要欄に記載する。

・端子接続　　　　　　　設計数量（か所） × 複合単価

14-2-6
配線器具

配線器具 → 1式（別紙明細）

別紙明細
・種類、材質等を摘要欄に記載する。

・配線器具　　　　　　　設計数量（個） × 複合単価

170

Ⅰ　庁舎 14. 誘導支援設備　14-3　トイレ等呼出

14-2-7 **電線** **ケーブル** **電線管** **金属ダクト・トラフ** **ケーブルラック** **ボックス類** **支持材** **防火区画貫通処理等** **接地工事** **塗装工事** **※直接仮設** **※はつり工事** **※取外し再取付け** **※撤去**	**1．電灯設備 1-1　電灯幹線**の当該事項による。

14-3
トイレ等呼出

　14-3-1
　呼出表示器

　　$\boxed{設計数量（台）} \times \boxed{複合単価}$

　　・形式及び窓数を摘要欄に記載する。
　　・形式は、壁掛等を摘要欄に記載する。

　14-3-2
　端子盤

　　$\boxed{設計数量（面）} \times \boxed{複合単価}$

　　・盤名称を摘要欄に記載する。

　14-3-3
　呼出表示灯

　　$\boxed{呼出表示灯} \rightarrow$　1式（別紙明細）

　　別紙明細
　　・形式（発光ダイオードなど）等を摘要欄に記載する。

・呼出表示灯　　　　　　　$\boxed{設計数量（個）} \times \boxed{複合単価}$

　14-3-4
　呼出・復帰ボタン

　　$\boxed{呼出・復帰ボタン} \rightarrow$　1式（別紙明細）

　　別紙明細
　　・形式（プルスイッチ付、表示灯の有無など）等を摘要欄に記載する。

171

公共建築工事内訳書標準書式（設備工事編）の解説（電気設備）

・呼出・復帰ボタン　　　　　　設計数量（個）×複合単価

14-3-5
端子接続

端子接続　→　１式（別紙明細）

別紙明細
・通信用ケーブルの対数等を摘要欄に記載する。

・端子接続　　　　　　　　　　設計数量（か所）×複合単価

14-3-6
電線
ケーブル
電線管
金属ダクト・トラ
フ
ケーブルラック
ボックス類
支持材
防火区画貫通処理
等
接地工事
塗装工事

※直接仮設
※はつり工事
※取外し再取付け
※撤去

１．電灯設備 1-1　電灯幹線の当該事項による。

172

15. テレビ共同受信設備

15-1
テレビアンテナ

設計数量（組） × 複合単価

・記号を摘要欄に記載する。

15-2
パラボラアンテナ

設計数量（組） × 複合単価

・記号を摘要欄に記載する。

15-3
アンテナマスト

設計数量（基） × 複合単価

・記号及び形式を摘要欄に記載する。
・形式は、側壁、自立等を摘要欄に記載する。

15-4
増幅器

設計数量（個） × 複合単価

・記号を摘要欄に記載する。

15-5
混合（分波）器

設計数量（個） × 複合単価

・記号を摘要欄に記載する。

15-6
分岐器

設計数量（個） × 複合単価

・記号を摘要欄に記載する。

15-7
分配器

設計数量（個） × 複合単価

・記号を摘要欄に記載する。

15-8
機器収容箱

設計数量（個） × 複合単価

・記号を摘要欄に記載する。

公共建築工事内訳書標準書式（設備工事編）の解説（電気設備）

15-9
直列ユニット

直列ユニット → 1式（別紙明細）

別紙明細
・記号、プレート種別等を摘要欄に記載する。

・直列ユニット　　　　　　　設計数量(個) × 複合単価

15-10
テレビ端子

テレビ端子 → 1式（別紙明細）

別紙明細
・記号、プレート種別等を摘要欄に記載する。

・テレビ端子　　　　　　　　設計数量(個) × 複合単価

15-11
電線
ケーブル
電線管
金属ダクト・トラフ
ケーブルラック
ボックス類
支持材
防火区画貫通処理等
接地工事
塗装工事

※直接仮設
※はつり工事
※取外し再取付け
※撤去

1．電灯設備 1-1　電灯幹線の当該事項による。

174

16. 監視カメラ設備

16-1
監視カメラ装置架

設計数量(台) × 機器単価

・仕様及び収納機器を摘要欄に記載する。
・仕様は、規格、寸法等を摘要欄に記載する。
・モニタ装置、録画装置、カメラ操作器等が組込まれる場合は、摘要欄に記載する。

16-2
モニタ装置

設計数量(台) × 機器単価

・形式、表示方式及び画面サイズを摘要欄に記載する。
・形式は、カラー等を摘要欄に記載する。
・表示方式は、液晶式等を摘要欄に記載する。
・監視カメラ装置架に組込まれる場合は、記載しない。

16-3
録画装置

設計数量(台) × 機器単価

・種別及びデジタル記憶媒体の容量を摘要欄に記載する。
・種別は、デジタルレコーダ、録画サーバ等を摘要欄に記載する。
・監視カメラ装置架に組込まれる場合は、記載しない。

16-4
カメラ操作器

設計数量(台) × 機器単価

・形式を摘要欄に記載する。
・形式は、操作スティック、操作ダイヤル等を摘要欄に記載する。
・監視カメラ装置架に組込まれる場合は、記載しない。

16-5
カメラ

設計数量(台) × 複合単価

・形式を摘要欄に記載する。
・形式は、固定レンズ付、電動ズーム付等を摘要欄に記載する。
・旋回装置等を含むものとする。

16-6
端子盤

設計数量(面) × 複合単価

・盤名称を摘要欄に記載する。

公共建築工事内訳書標準書式（設備工事編）の解説（電気設備）

16-7
端子接続

端子接続 → 1式（別紙明細）

別紙明細
・通信用ケーブルの対数等を摘要欄に記載する。

・端子接続　　　　　　　　設計数量（か所）× 複合単価

16-8
据付費

据付費 → 1式（別紙明細）

別紙明細
・機器類及び盤類等の機器単価を別に計上する場合、取付費（結線費を含む。）を集計し1式として計上する。
・雑材料及び試験調整費は含まないものとし、別項目に計上する。
・製造業者又は専門工事業者の見積りによる場合は、数量等を確認し1式として計上してもよい。

16-9
試験調整費

試験調整費 → 1式（別紙明細）

別紙明細
・総合試験等のために必要な試験及び調整費を計上する。
・製造業者又は専門工事業者の見積りによる場合は、数量等を確認し1式として計上してもよい。

16-10
諸経費

諸経費 → 1式（別紙明細）

別紙明細
・諸経費は、製造業者又は専門工事業者の必要経費であり法定福利費を含んだものとし、1式として計上する。

176

Ⅰ 庁舎 16. 監視カメラ設備

16-11
電線
ケーブル
電線管
金属ダクト・トラフ
ケーブルラック
ボックス類
支持材
防火区画貫通処理等
接地工事
塗装工事

※直接仮設
※はつり工事
※取外し再取付け
※撤去

1．電灯設備 1-1　電灯幹線の当該事項による。

公共建築工事内訳書標準書式（設備工事編）の解説（電気設備）

17．駐車場管制設備

**17-1
管制盤**

$\boxed{\text{設計数量（面）}} \times \boxed{\text{機器単価}}$

・形式を摘要欄に記載する。

・形式は、屋内形、屋外形、壁掛、自立等を摘要欄に記載する。

**17-2
ループコイル式検知
器**

$\boxed{\text{設計数量（個）}} \times \boxed{\text{機器単価}}$

・記号を摘要欄に記載する。

**17-3
光線式検知器**

$\boxed{\text{設計数量（組）}} \times \boxed{\text{機器単価}}$

・記号を摘要欄に記載する。

**17-4
信号灯**

$\boxed{\text{設計数量（台）}} \times \boxed{\text{機器単価}}$

・記号を摘要欄に記載する。

**17-5
警報灯**

$\boxed{\text{設計数量（台）}} \times \boxed{\text{機器単価}}$

・記号を摘要欄に記載する。

**17-6
発券機**

$\boxed{\text{設計数量（台）}} \times \boxed{\text{機器単価}}$

・形式を摘要欄に記載する。

・形式は、屋内形、屋外形、壁掛、自立等を摘要欄に記載する。

**17-7
カーゲート**

$\boxed{\text{設計数量（台）}} \times \boxed{\text{機器単価}}$

・記号を摘要欄に記載する。

**17-8
カードリーダ**

$\boxed{\text{設計数量（台）}} \times \boxed{\text{機器単価}}$

・形式を摘要欄に記載する。

・形式は、屋内形、屋外形、壁掛、自立等を摘要欄に記載する。

Ⅰ　庁舎 17．駐車場管制設備

17-9
端子盤

$\boxed{\text{設計数量（面）}} \times \boxed{\text{複合単価}}$

・盤名称を摘要欄に記載する。

17-10
端子接続

$\boxed{\text{端子接続}} \rightarrow$ 1式（別紙明細）

別紙明細

・通信用ケーブルの対数等を摘要欄に記載する。

・端子接続	$\boxed{\text{設計数量（か所）}} \times \boxed{\text{複合単価}}$

17-11
基礎

$\boxed{\text{基礎}} \rightarrow$ 1式（別紙明細）

別紙明細

・コンクリート基礎は鉄筋、型枠、コンクリート、モルタル等に区分する。

・鉄筋	$\boxed{\text{設計数量（kg）}} \times \boxed{\text{複合単価}}$
・型枠	$\boxed{\text{設計数量（m}^2\text{）}} \times \boxed{\text{複合単価}}$
・コンクリート	$\boxed{\text{設計数量（m}^3\text{）}} \times \boxed{\text{複合単価}}$
・モルタル	$\boxed{\text{設計数量（m}^2\text{）}} \times \boxed{\text{複合単価}}$

・寸法ごとに、複合単価として算出してもよい。

17-12
土工事

$\boxed{\text{土工事}} \rightarrow$ 1式（別紙明細）

別紙明細

・土工事は、人力作業又は機械作業に区分し記載する。
・機械を使用する場合は、機械の運搬費、損料等を適切に計上する。
・建設発生土処理は、構内敷ならしの場合に記載する。

・根切り（機械）	$\boxed{\text{計画数量（m}^3\text{）}} \times \boxed{\text{複合単価}}$
・砂利地業（機械）	$\boxed{\text{設計数量（m}^3\text{）}} \times \boxed{\text{複合単価}}$
・埋戻し（機械）	$\boxed{\text{計画数量（m}^3\text{）}} \times \boxed{\text{複合単価}}$
・建設発生土処理（機械）	$\boxed{\text{計画数量（m}^3\text{）}} \times \boxed{\text{複合単価}}$
・土工機械運搬	$\boxed{\text{1式}}$

179

公共建築工事内訳書標準書式（設備工事編）の解説（電気設備）

17-13
据付費

据付費 → 1式（別紙明細）

別紙明細
・機器類及び盤類等の機器単価を別に計上する場合、取付費（結線費を含む。）を集計し1式として計上する。
・雑材料及び試験調整費は含まないものとし、別項目に計上する。
・製造業者又は専門工事業者の見積りによる場合は、数量等を確認し1式として計上してもよい。

17-14
試験調整費

試験調整費 → 1式（別紙明細）

別紙明細
・総合試験等のために必要な試験及び調整費を計上する。
・製造業者又は専門工事業者の見積りによる場合は、数量等を確認し1式として計上してもよい。

17-15
諸経費

諸経費 → 1式（別紙明細）

別紙明細
・諸経費は、製造業者又は専門工事業者の必要経費であり法定福利費を含んだものとし、1式として計上する。

17-16
電線
ケーブル
電線管
金属ダクト・トラフ
ケーブルラック
ボックス類
支持材
防火区画貫通処理等
接地工事
塗装工事

※直接仮設
※はつり工事
※取外し再取付け
※撤去

1．電灯設備 1-1 電灯幹線の当該事項による。

180

I 庁舎 18. 防犯・入退室管理設備 18-1 防犯

18. 防犯・入退室管理設備

**18-1
防犯**

**18-1-1
警報制御装置**

設計数量(台) × 機器単価
・形式を摘要欄に記載する。
・形式は、壁掛等を摘要欄に記載する。

**18-1-2
操作装置**

設計数量(台) × 機器単価
・形式を摘要欄に記載する。
・形式は、壁掛等を摘要欄に記載する。

**18-1-3
カードリーダ**

設計数量(台) × 機器単価
・形式を摘要欄に記載する。
・形式は、埋込、露出等を摘要欄に記載する。

**18-1-4
マグネットセンサ**

設計数量(個) × 機器単価
・形式を摘要欄に記載する。
・形式は、一般形、防水形等を摘要欄に記載する。

**18-1-5
赤外線センサ**

設計数量(個) × 機器単価
・形式を摘要欄に記載する。
・形式は、壁面取付、自立、一般形、防水形等を摘要欄に記載する。

**18-1-6
パッシブセンサ**

設計数量(個) × 機器単価
・形式を摘要欄に記載する。
・形式は、天井取付、壁面取付、屋内形、屋外形等を摘要欄に記載する。

**18-1-7
画像センサ**

設計数量(個) × 機器単価
・形式を摘要欄に記載する。
・形式は、壁面取付、天井取付等を摘要欄に記載する。

公共建築工事内訳書標準書式（設備工事編）の解説（電気設備）

18-1-8
ガラスセンサ

設計数量（個） × 機器単価

・形式を摘要欄に記載する。
・形式は、壁面取付、天井取付等を摘要欄に記載する。

18-1-9
カード

設計数量（枚） × 機器単価

18-1-10
端子盤

設計数量（面） × 複合単価

・盤名称を摘要欄に記載する。

18-1-11
端子接続

端子接続 → 1式（別紙明細）

別紙明細

・通信用ケーブルの対数等を摘要欄に記載する。

> ・端子接続 　　　　設計数量（か所） × 複合単価

18-1-12
据付費

据付費 → 1式（別紙明細）

別紙明細

・機器類及び盤類等の機器単価を別に計上する場合、取付費（結線費を含む。）
を集計し1式として計上する。
・雑材料及び試験調整費は含まないものとし、別項目に計上する。
・製造業者又は専門工事業者の見積りによる場合は、数量等を確認し1式として
計上してもよい。

18-1-13
試験調整費

試験調整費 → 1式（別紙明細）

別紙明細

・総合試験等のために必要な試験及び調整費を計上する。
・製造業者又は専門工事業者の見積りによる場合は、数量等を確認し1式として
計上してもよい。

I　庁舎 18. 防犯・入退室管理設備　18-2　入退室管理

18-1-14 諸経費	諸経費 → 1式（別紙明細） **別紙明細** ・諸経費は、製造業者又は専門工事業者の必要経費であり法定福利費を含んだものとし、1式として計上する。
18-1-15 電線 ケーブル 電線管 金属ダクト・トラフ ケーブルラック ボックス類 支持材 防火区画貫通処理等 接地工事 塗装工事 ※直接仮設 ※はつり工事 ※取外し再取付け ※撤去	1．電灯設備 1-1　電灯幹線の当該事項による。
18-2 入退室管理 　18-2-1 　制御装置	設計数量（台） × 機器単価 ・形式を摘要欄に記載する。 ・形式は、壁掛等を摘要欄に記載する。
18-2-2 端末装置	設計数量（台） × 機器単価 ・形式を摘要欄に記載する。 ・形式は、埋込、露出等を摘要欄に記載する。
18-2-3 鍵管理装置	設計数量（台） × 機器単価 ・形式を摘要欄に記載する。 ・形式は、埋込、露出等を摘要欄に記載する。

公共建築工事内訳書標準書式（設備工事編）の解説（電気設備）

18-2-4
電気錠制御盤

$\boxed{設計数量（面）} \times \boxed{機器単価}$

・形式を摘要欄に記載する。

・形式は、埋込、露出等を摘要欄に記載する。

18-2-5
セキュリティーゲート

$\boxed{設計数量（台）} \times \boxed{機器単価}$

・形式を摘要欄に記載する。

・形式は、片開き、両開き等を摘要欄に記載する。

18-2-6
ゲート制御装置

$\boxed{設計数量（台）} \times \boxed{機器単価}$

・形式を摘要欄に記載する。

・形式は、埋込、露出等を摘要欄に記載する。

18-2-7
記録装置

$\boxed{設計数量（台）} \times \boxed{機器単価}$

・形式を摘要欄に記載する。

・形式は、埋込、露出等を摘要欄に記載する。

18-2-8
バイオメトリックス照合装置

$\boxed{設計数量（台）} \times \boxed{機器単価}$

・形式を摘要欄に記載する。

・形式は、埋込、露出等を摘要欄に記載する。

18-2-9
カードリーダ

$\boxed{設計数量（台）} \times \boxed{機器単価}$

・形式を摘要欄に記載する。

・形式は、埋込、露出等を摘要欄に記載する。

18-2-10
カード

$\boxed{設計数量（枚）} \times \boxed{機器単価}$

18-2-11
端子盤

$\boxed{設計数量（面）} \times \boxed{複合単価}$

・盤名称を摘要欄に記載する。

184

Ⅰ　庁舎 18. 防犯・入退室管理設備　18-2　入退室管理

18-2-12
端子接続

端子接続 → 1式（別紙明細）

別紙明細

・通信用ケーブルの対数等を摘要欄に記載する。

・端子接続　　　　　　　　　　設計数量（か所）× 複合単価

18-2-13
据付費

据付費 → 1式（別紙明細）

別紙明細

・機器類及び盤類等の機器単価を別に計上する場合、取付費（結線費を含む。）を集計し1式として計上する。

・雑材料及び試験調整費は含まないものとし、別項目に計上する。

・製造業者又は専門工事業者の見積りによる場合は、数量等を確認し1式として計上してもよい。

18-2-14
試験調整費

試験調整費 → 1式（別紙明細）

別紙明細

・総合試験等のために必要な試験及び調整費を計上する。

・製造業者又は専門工事業者の見積りによる場合は、数量等を確認し1式として計上してもよい。

18-2-15
諸経費

諸経費 → 1式（別紙明細）

別紙明細

・諸経費は、製造業者又は専門工事業者の必要経費であり法定福利費を含んだものとし、1式として計上する。

公共建築工事内訳書標準書式（設備工事編）の解説（電気設備）

18-2-16
電線
ケーブル
電線管
金属ダクト・トラフ
ケーブルラック
ボックス類
支持材
防火区画貫通処理等
接地工事
塗装工事

※直接仮設
※はつり工事
※取外し再取付け
※撤去

１．電灯設備 1-1　電灯幹線の当該事項による。

19. 火災報知設備

19-1
自動火災報知

19-1-1
受信機

$\boxed{設計数量（面）} \times \boxed{機器単価}$

・形式及び回線数を摘要欄に記載する。
・形式は、Ｐ型２級、Ｐ型１級、Ｒ型、壁掛、自立等を摘要欄に記載する。
・複合盤として、連動制御盤、ガス漏れ受信機を組込む場合は、GP型受信機、GR型受信機とし、種別、回線数等を摘要欄に記載する。

19-1-2
副受信機

$\boxed{設計数量（面）} \times \boxed{機器単価}$

・形式及び回線数を摘要欄に記載する。
・形式は、Ｐ型２級、Ｐ型１級、Ｒ型、壁掛、自立等を摘要欄に記載する。

19-1-3
中継器盤

$\boxed{設計数量（面）} \times \boxed{機器単価}$

・盤名称を摘要欄に記載する。

19-1-4
熱感知器

$\boxed{設計数量（個）} \times \boxed{複合単価}$

・形式を摘要欄に記載する。
・形式は、定温式、差動式、熱アナログ式、動作種別（１種、２種、特種など）、埋込、露出等を摘要欄に記載する。

19-1-5
煙感知器

$\boxed{設計数量（個）} \times \boxed{複合単価}$

・形式を摘要欄に記載する。
・形式は、光電式、イオン化式、イオン化アナログ式、光電アナログ式、動作種別（１種、２種、３種、蓄積式、非蓄積式など）、埋込、露出等を摘要欄に記載する。

19-1-6
炎感知器

$\boxed{設計数量（個）} \times \boxed{複合単価}$

・形式を摘要欄に記載する。
・形式は、紫外線式、赤外線式、屋内型、屋外型等を摘要欄に記載する。

公共建築工事内訳書標準書式（設備工事編）の解説（電気設備）

19-1-7
複合式感知器

設計数量（個） × 複合単価
・形式を摘要欄に記載する。
・形式は、熱複合式、煙複合式、熱煙複合式等を摘要欄に記載する。

19-1-8
回路試験器

設計数量（個） × 複合単価
・形式を摘要欄に記載する。
・形式は、露出、埋込等を摘要欄に記載する。

19-1-9
機器収容箱

設計数量（個） × 複合単価
・形式を摘要欄に記載する。
・形式は、露出、埋込等を摘要欄に記載する。
・機器収容箱には、表示灯、発信機、電鈴、分布式検知器等が組込まれているものとする。

19-1-10
端子盤

設計数量（面） × 複合単価
・盤名称を摘要欄に記載する。

19-1-11
発信機

発信機 → 1式（別紙明細）

別紙明細
　・形式（埋込形、露出形、防水形など）等を摘要欄に記載する。
　・機器収容箱に組込まれる場合は、機器収容箱に記載する。

　・発信機　　　　　　　　　　　設計数量（個） × 複合単価

19-1-12
警報ベル

警報ベル → 1式（別紙明細）

別紙明細
　・形式（埋込形、露出形、防水形など）等を摘要欄に記載する。
　・機器収容箱に組込まれる場合は、機器収容箱に記載する。

　・警報ベル　　　　　　　　　　設計数量（個） × 複合単価

188

Ⅰ 庁舎 19. 火災報知設備 19-1 自動火災報知

19-1-13
表示灯

表示灯 → 1式（別紙明細）

別紙明細
・形式（埋込形、防水形など）等を摘要欄に記載する。
・機器収容箱に組込まれる場合は、機器収容箱に記載する。

・表示灯　　　　　　　　　設計数量(個) × 複合単価

19-1-14
移報器

移報器 → 1式（別紙明細）

別紙明細
・形式（露出形、組込み形など）等を摘要欄に記載する。

・移報器　　　　　　　　　設計数量(個) × 複合単価

19-1-15
端子接続

端子接続 → 1式（別紙明細）

別紙明細
・通信用ケーブルの対数等を摘要欄に記載する。

・端子接続　　　　　　　　設計数量(か所) × 複合単価

19-1-16
立会検査

立会検査 → 1式（別紙明細）

・火災報知設備の立会検査に必要な試験及び調整費を計上する。

別紙明細

・立会検査　　　　　　　　立会検査(1工事) × 複合単価

公共建築工事内訳書標準書式（設備工事編）の解説（電気設備）

19-1-17
電線
ケーブル
電線管
金属ダクト・トラフ
ケーブルラック
ボックス類
支持材
防火区画貫通処理等
接地工事
塗装工事
施工費

※直接仮設
※はつり工事
※取外し再取付け
※撤去

1．電灯設備 1-1 電灯幹線の当該事項による。

19-2
自動閉鎖

19-2-1
連動制御盤

設計数量（面） × 機器単価

・形式及び回線数を摘要欄に記載する。
・形式は、壁掛、自立等を摘要欄に記載する。

19-2-2
自動閉鎖装置

設計数量（個） × 複合単価

・種別を摘要欄に記載する。
・種別は、防火扉用、防火シャッター用等を摘要欄に記載する。

19-2-3
煙感知器

設計数量（個） × 複合単価

・形式を摘要欄に記載する。
・形式は、光電式、イオン化式、光電アナログ式、動作種別（3種、蓄積式、非蓄積式など）、埋込、露出等を摘要欄に記載する。

19-2-4
端子盤

設計数量（面） × 複合単価

・盤名称を摘要欄に記載する。

190

I 庁舎 19. 火災報知設備 19-2 自動閉鎖

19-2-5
電子ブザー

電子ブザー → 1式（別紙明細）

別紙明細

・電子ブザー 設計数量（個）× 複合単価

19-2-6
連動機器等接続

連動機器等接続 → 1式（別紙明細）

別紙明細
・防煙ダンパー、排煙口等の結線費として計上する。

・連動機器等接続 設計数量（か所）× 複合単価

19-2-7
端子接続

端子接続 → 1式（別紙明細）

別紙明細
・通信用ケーブルの対数等を摘要欄に記載する。

・端子接続 設計数量（か所）× 複合単価

19-2-8
立会検査

立会検査 → 1式（別紙明細）

・火災報知設備の立会検査に必要な試験及び調整費を計上する。

別紙明細

・立会検査 立会検査（1工事）× 複合単価

公共建築工事内訳書標準書式（設備工事編）の解説（電気設備）

19-2-9 電線 ケーブル 電線管 金属ダクト・トラフ ケーブルラック ボックス類 支持材 防火区画貫通処理等 接地工事 塗装工事 施工費	1．電灯設備 1-1　電灯幹線の当該事項による。

※直接仮設
※はつり工事
※取外し再取付け
※撤去

19-3
非常警報

　19-3-1
　　操作装置

$\boxed{\text{設計数量（個）}} \times \boxed{\text{複合単価}}$

・形式及び回線数を摘要欄に記載する。
・形式は、埋込、露出等を摘要欄に記載する。

　19-3-2
　　複合装置

$\boxed{\text{設計数量（個）}} \times \boxed{\text{複合単価}}$

・形式を摘要欄に記載する。
・形式は、埋込、露出等を摘要欄に記載する。

　19-3-3
　　端子盤

$\boxed{\text{設計数量（面）}} \times \boxed{\text{複合単価}}$

・盤名称を摘要欄に記載する。

　19-3-4
　　非常ベル

$\boxed{\text{非常ベル}} \rightarrow$　１式（別紙明細）

別紙明細
　・形式（埋込形、露出形、防水形など）等を摘要欄に記載する。

・非常ベル	$\boxed{\text{設計数量（個）}} \times \boxed{\text{複合単価}}$

192

Ⅰ　庁舎 19. 火災報知設備　19-3　非常警報

19-3-5
表示灯

表示灯 → 1式（別紙明細）

別紙明細
・記号、形式（埋込形、防水形など）等を摘要欄に記載する。

・表示灯	設計数量（個）× 複合単価

19-3-6
起動装置

起動装置 → 1式（別紙明細）

別紙明細
・形式（埋込形、露出形、防水形など）等を摘要欄に記載する。

・起動装置	設計数量（個）× 複合単価

19-3-7
端子接続

端子接続 → 1式（別紙明細）

別紙明細
・通信用ケーブルの対数等を摘要欄に記載する。

・端子接続	設計数量（か所）× 複合単価

19-3-8
電線
ケーブル
電線管
金属ダクト・トラフ
ケーブルラック
ボックス類
支持材
防火区画貫通処理等
接地工事
塗装工事

※直接仮設
※はつり工事
※取外し再取付け
※撤去

1．電灯設備 1-1　電灯幹線の当該事項による。

193

公共建築工事内訳書標準書式（設備工事編）の解説（電気設備）

19-4
ガス漏れ火災警報

19-4-1
ガス漏れ受信機

設計数量（面） × 機器単価

・形式及び回線数を摘要欄に記載する。
・形式は、壁掛、自立等を摘要欄に記載する。

19-4-2
ガス漏れ副受信機

設計数量（面） × 機器単価

・形式及び回線数を摘要欄に記載する。
・形式は、壁掛等を摘要欄に記載する。

19-4-3
ガス漏れ中継器

設計数量（個） × 複合単価

・形式及び回線数を摘要欄に記載する。
・形式は、露出、埋込、都市ガス用、LP ガス用等を摘要欄に記載する。

19-4-4
ガス漏れ検知器

設計数量（個） × 複合単価

・ガス種別及び電圧を摘要欄に記載する。
・ガス種別は、都市ガス、LP ガス等を摘要欄に記載する。
・電圧は、定格電圧（DC 24V、AC 100V など）を摘要欄に記載する。

19-4-5
端子盤

設計数量（面） × 複合単価

・盤名称を摘要欄に記載する。

19-4-6
ガス漏れ表示灯

ガス漏れ表示灯 → 1 式（別紙明細）

別紙明細
・ランプ定格（電気方式、電圧、定格電流など）等を摘要欄に記載する。

・ガス漏れ表示灯 ・・・・・・・・・ 設計数量（個） × 複合単価

19-4-7
端子接続

端子接続 → 1 式（別紙明細）

194

Ⅰ 庁舎 19．火災報知設備 19-4 ガス漏れ火災警報

別紙明細

・通信用ケーブルの対数等を摘要欄に記載する。

・端子接続 　　設計数量（か所） × 複合単価

19-4-8
電線
ケーブル
電線管
金属ダクト・トラ
フ
ケーブルラック
ボックス類
支持材
防火区画貫通処理
等
接地工事
塗装工事
施工費

※直接仮設
※はつり工事
※取外し再取付け
※撤去

1．電灯設備 1-1　電灯幹線の当該事項による。

公共建築工事内訳書標準書式（設備工事編）の解説（電気設備）

20．中央監視制御設備

20-1
警報盤

$\boxed{\text{設計数量（面）}} \times \boxed{\text{機器単価}}$

・形式及び窓数を摘要欄に記載する。
・形式は、壁掛等を摘要欄に記載する。

20-2
監視操作装置

$\boxed{\text{設計数量（台）}} \times \boxed{\text{機器単価}}$

・形式を摘要欄に記載する。
・形式は、壁掛、自立、卓上等を摘要欄に記載する。

20-3
グラフィックパネル

$\boxed{\text{設計数量（台）}} \times \boxed{\text{機器単価}}$

・形式を摘要欄に記載する。
・形式は、壁掛、自立、卓上等を摘要欄に記載する。

20-4
信号処理装置

$\boxed{\text{設計数量（台）}} \times \boxed{\text{機器単価}}$

・形式を摘要欄に記載する。
・形式は、壁掛、自立、卓上等を摘要欄に記載する。

20-5
電源装置

$\boxed{\text{設計数量（台）}} \times \boxed{\text{機器単価}}$

・容量を摘要欄に記載する。

20-6
記録装置

$\boxed{\text{設計数量（台）}} \times \boxed{\text{機器単価}}$

・形式を摘要欄に記載する。
・形式は、卓上等を摘要欄に記載する。

20-7
伝送装置親局

$\boxed{\text{設計数量（台）}} \times \boxed{\text{機器単価}}$

・名称を摘要欄に記載する。

20-8
伝送装置子局

$\boxed{\text{設計数量（台）}} \times \boxed{\text{機器単価}}$

I　庁舎 20. 中央監視制御設備

・名称を摘要欄に記載する。

20-9
ソフトウェア

ソフトウェア → 1式（別紙明細）

別紙明細
・専門工事業者等の見積内容について主要な機能を確認する。

20-10
機器間ケーブル工事

機器間ケーブル工事 → 1式（別紙明細）

別紙明細
・電線、ケーブル、配管等を含むものとする。
・専門工事業者等の見積りによる場合は、数量等を確認し1式として計上してもよい。

20-11
基礎

基礎 → 1式（別紙明細）

別紙明細
・コンクリート基礎は鉄筋、型枠、コンクリート、モルタル等に区分する。

・鉄筋	設計数量(kg)	×	複合単価
・型枠	設計数量(m^2)	×	複合単価
・コンクリート	設計数量(m^3)	×	複合単価
・モルタル	設計数量(m^2)	×	複合単価

・寸法ごとに、複合単価として算出してもよい。

20-12
据付費

据付費 → 1式（別紙明細）

別紙明細
・機器類及び盤類等の機器単価を別に計上する場合、取付費（結線費を含む。）を集計し1式として計上する。
・雑材料及び試験調整費は含まないものとし、別項目に計上する。
・製造業者又は専門工事業者の見積りによる場合は、数量等を確認し1式として計上してもよい。

公共建築工事内訳書標準書式（設備工事編）の解説（電気設備）

20-13
試験調整費

試験調整費 → １式（別紙明細）

別紙明細
・総合試験等のために必要な試験及び調整費を計上する。
・製造業者又は専門工事業者の見積りによる場合は、数量等を確認し１式として
　計上してもよい。

20-14
諸経費

諸経費 → １式（別紙明細）

別紙明細
・諸経費は、製造業者又は専門工事業者の必要経費であり法定福利費を含んだも
　のとし、１式として計上する。

20-15
電線
ケーブル
電線管
金属ダクト・トラフ
ケーブルラック
ボックス類
支持材
防火区画貫通処理等
接地工事
塗装工事

※直接仮設
※はつり工事
※取外し再取付け
※撤去

１．電灯設備 1-1　電灯幹線の当該事項による。

I 庁舎 21. 発生材処理

21. 発生材処理

一般事項
- 改修工事等で発生する産業廃棄物の搬出車両への積込み、場外搬出及び処分に要する費用を計上する。
- 設計数量は、m^3、t等で記載する。ただし、少量の場合及び専門工事業者の見積りによる場合は1式で記載することができる。

21-1
※発生材積込

$\boxed{\text{設計数量}(m^3、t)} \times \boxed{\text{複合単価}}$ 又は1式

- 種類及び積込方法を摘要欄に記載する。
- 積込方法は、人力積込み又は機械積込みに区分する。

21-2
※発生材運搬

$\boxed{\text{設計数量}(m^3、t)} \times \boxed{\text{複合単価}}$ 又は1式

- 種類、運搬車の種別及び運搬距離を摘要欄に記載する。
- 運搬距離ごとに区分する。

21-3
※発生材処分

$\boxed{\text{設計数量}(m^3、t)} \times \boxed{\text{複合単価}}$ 又は1式

- 種類及び処分場所を摘要欄に記載する。
- 処分先、処分方法ごとに区分する。
- 再資源化を図るものは、リサイクル処分に要する費用を計上する。
- 特別管理産業廃棄物は、関係法令等に従い適切に処理し、処分に要する費用を計上する。

公共建築工事内訳書標準書式（設備工事編）の解説（電気設備）

Ⅱ　屋外

1．構内配電線路

1-1
電力引込み

1-1-1
高圧引込用負荷開閉器

$\boxed{設計数量（台）} \times \boxed{複合単価}$

・仕様を摘要欄に記載する。
・仕様は、定格電圧、定格電流、定格短時間電流、付加機構（地絡保護機構、避雷器など）等を摘要欄に記載する。

1-1-2
開閉器箱

$\boxed{設計数量（個）} \times \boxed{複合単価}$

・名称を摘要欄に記載する。

1-1-3
マンホール

$\boxed{設計数量（基）} \times \boxed{複合単価}$

・記号を摘要欄に記載する。
・蓋等を加算した複合単価する。
・ケーブル支持材を含むものとする。
・昇降用はしごは別途計上する。
・土工事を含むものとする。

1-1-4
ハンドホール

$\boxed{設計数量（基）} \times \boxed{複合単価}$

・記号を摘要欄に記載する。
・蓋等を加算した複合単価する。
・土工事を含むものとする。

1-1-5
電柱

$\boxed{設計数量（本）} \times \boxed{複合単価}$

・仕様及び寸法を摘要欄に記載する。
・仕様は、種別、規格等を摘要欄に記載する。
・電柱（支柱及び支線柱を含む。）にはコンクリート柱、鋼管柱等があり、必要な根かせを含むものとする。
・建柱車を利用する場合は、機械経費を計上する。

200

Ⅱ　屋外　1．構内配電線路　1-1　電力引込み

1-1-6
配線器具

配線器具 → 1式（別紙明細）

別紙明細
・形式、定格等を摘要欄に記載する。

・配線器具	設計数量（個）× 複合単価

1-1-7
装柱材

装柱材 → 1式（別紙明細）

別紙明細
・腕金には、バンド、アームタイ、がいしを含むものとし、種別、規格、寸法等を摘要欄に記載する。

・腕金	設計数量（本）× 複合単価

1-1-8
支線

支線 → 1式（別紙明細）

別紙明細
・支線は、種別（一般支線、Y支線など）、規格、寸法等を摘要欄に記載する。
・その他の材料はアンカー、玉がいし、巻付グリップ、支線ガード等とし、種別、規格、寸法等を摘要欄に記載する。

・支線	設計数量（か所）× 複合単価
・その他材料	設計数量（個）× 材料単価

1-1-9
メッセンジャワイヤ

メッセンジャワイヤ → 1式（別紙明細）

別紙明細
・種別、規格、寸法等を摘要欄に記載する。
・その他の材料は、ケーブルハンガー、ラッシングロッド、自在バンド、ちょう架金物等とし、種別、規格、寸法等を摘要欄に記載する。

・メッセンジャワイヤ	設計数量（m）× 複合単価
・その他材料	設計数量（個）× 材料単価

公共建築工事内訳書標準書式（設備工事編）の解説（電気設備）

1-1-10
保護管

保護管 → 1式（別紙明細）

別紙明細
・種類、寸法等を摘要欄に記載する。
・厚鋼電線管、配管用炭素鋼鋼管、ポリエチレン被覆鋼管、硬質塩化ビニル電線管、波付硬質合成樹脂管、コンクリートトラフ等とし、付属品は保護管に含むものとする。

・保護管　　　　　設計数量（m）× 複合単価

1-1-11
地中線埋設標識

地中線埋設標識 → 1式（別紙明細）

別紙明細
・シングル、2倍、3.5倍長折込等を摘要欄に記載する。

・埋設標識シート　　設計数量（m）× 複合単価
・地中埋設標　　　　設計数量（個）× 複合単価

1-1-12
防水鋳鉄管

防水鋳鉄管 → 1式（別紙明細）

別紙明細
・種類、寸法等を摘要欄に記載する。

・防水鋳鉄管　　　　設計数量（本）× 複合単価
・異物継手　　　　　設計数量（個）× 材料単価
・管路口防水装置　　設計数量（個）× 材料単価

1-1-13
運搬費

運搬費 → 1式（別紙明細）

別紙明細

・運搬費　　　　　　設計数量（t）× 複合単価

・工場その他現場外で加工するものに適用する。ただし、製品の見積条件として

202

Ⅱ　屋外　1．構内配電線路　1-1　電力引込み

軒先渡しの場合は適用しない。

（一般にコンクリート柱等は工場渡しである。）

1-1-14
基礎

基礎 → 1式（別紙明細）

別紙明細

・コンクリート基礎は鉄筋、型枠、コンクリート、モルタル等に区分する。

・鉄筋　　　　　　　　　　設計数量(kg) × 複合単価

・型枠　　　　　　　　　　設計数量(m^2) × 複合単価

・コンクリート　　　　　　設計数量(m^3) × 複合単価

・モルタル　　　　　　　　設計数量(m^2) × 複合単価

・寸法ごとに、複合単価として算出してもよい。

1-1-15
土工事

土工事 → 1式（別紙明細）

別紙明細

・土工事は、人力作業又は機械作業等に区分し記載する。

・機械を使用する場合は、機械の運搬費、損料等を適切に計上する。

・建設発生土処理は、構内敷ならしの場合に記載する。

・根切り（機械）　　　　　計画数量(m^3) × 複合単価

・砂利地業（機械）　　　　設計数量(m^3) × 複合単価

・埋戻し（機械）　　　　　計画数量(m^3) × 複合単価

・建設発生土処理（機械）　計画数量(m^3) × 複合単価

・土工機械運搬　　　　　　1式

公共建築工事内訳書標準書式（設備工事編）の解説（電気設備）

1-1-16 **電線** **ケーブル** **ケーブルラック** **ボックス類** **接地工事** **※直接仮設** **※はつり工事** **※取外し再取付け** **※撤去**	1．電灯設備 1-1　電灯幹線の当該事項による。

1-2
外灯

1-2-1
ＬＥＤ照明器具

$$\boxed{設計数量（灯）} \times \boxed{複合単価}$$

・記号を摘要欄に記載する。

・器具の支持材を含むものとする。

1-2-2
ＨＩＤ灯

$$\boxed{設計数量（灯）} \times \boxed{複合単価}$$

・記号を摘要欄に記載する。

・器具の支持材を含むものとする。

1-2-3 **電線** **ケーブル** **接地工事** **※直接仮設** **※はつり工事** **※取外し再取付け** **※撤去**	1．電灯設備 1-1　電灯幹線の当該事項による。

1-2-4 **ハンドホール** **配線器具** **保護管** **地中線埋設標識** **土工事** **基礎**	Ⅱ　屋外　1．構内配電線路 1-1　電力引込みの当該事項による。

204

２．構内通信線路

2-1
通信引込み

　2-1-1
　保安器

保安器 → 1式（別紙明細）

別紙明細
・形式（屋内形、屋外形など）、容量等を摘要欄に記載する。

・保安器　　　　　　　　　　　設計数量（個） × 複合単価

　2-1-2
　電線
　ケーブル
　ケーブルラック
　ボックス類
　接地工事

　※直接仮設
　※はつり工事
　※取外し再取付け
　※撤去

1．電灯設備 1-1　電灯幹線の当該事項による。

　2-1-3
　マンホール
　ハンドホール
　電柱
　装柱材
　支線
　メッセンジャワイ
　ヤ
　保護管
　地中線埋設標識
　防水鋳鉄管
　運搬費
　土工事

Ⅱ　屋外　1．構内配電線路 1-1　電力引込みの当該事項による。

2-2
通信

　2-2-1
　屋外カメラ

設計数量（台） × 複合単価

・形式及びハウジングを摘要欄に記載する。
・形式は、固定式、電動ズーム式、旋回式等を摘要欄に記載する。

205

公共建築工事内訳書標準書式（設備工事編）の解説（電気設備）

・ハウジングは、一般形、一体形等を摘要欄に記載する。
・ハウジング、旋回装置等を含むものとする。

2-2-2
屋外時計

設計数量（台） × 複合単価

・形式を摘要欄に記載する。
・形式は、壁掛、ポール取付等を摘要欄に記載する。

2-2-3
屋外スピーカ

設計数量（台） × 複合単価

・形式を摘要欄に記載する。
・形式は、壁掛、ポール取付等を摘要欄に記載する。

2-2-4
取付ポール

設計数量（本） × 複合単価

・仕様及び寸法を摘要欄に記載する。
・仕様は、ポールの材質、規格等を摘要欄に記載する。

2-2-5
電線
ケーブル
ボックス類
接地工事

※直接仮設
※はつり工事
※取外し再取付け
※撤去

1．電灯設備 1-1　電灯幹線の当該事項による。

2-2-6
ハンドホール
保護管
地中線埋設標識
基礎
土工事

Ⅱ　屋外　1．構内配電線路 1-1　電力引込みの当該事項による。

206

3．発生材処理

Ⅰ　庁舎　21．発生材処理の当該事項による。

公共建築工事内訳書標準書式（設備工事編）の解説（電気設備）

Ⅲ　テレビ電波障害防除

1．テレビ電波障害防除設備

1-1
ヘッドエンド

$\boxed{\text{設計数量（台）}} \times \boxed{\text{機器単価}}$

1-2
テレビアンテナ

$\boxed{\text{設計数量（組）}} \times \boxed{\text{複合単価}}$

・記号を摘要欄に記載する。

1-3
アンテナマスト

$\boxed{\text{設計数量（基）}} \times \boxed{\text{複合単価}}$

・記号及び形式を摘要欄に記載する。
・形式は、側壁、自立等を摘要欄に記載する。

1-4
ブレーカボックス

$\boxed{\text{設計数量（個）}} \times \boxed{\text{複合単価}}$

・仕様を摘要欄に記載する。
・仕様は、開閉器種別、定格電流等を摘要欄に記載する。

1-5
電源供給器

$\boxed{\text{設計数量（個）}} \times \boxed{\text{複合単価}}$

・仕様を摘要欄に記載する。
・仕様は、定格出力電流、停電補償時間等を摘要欄に記載する。

1-6
電源挿入器

$\boxed{\text{設計数量（個）}} \times \boxed{\text{複合単価}}$

・仕様を摘要欄に記載する。
・仕様は、定格電流等を摘要欄に記載する。

1-7
増幅器

$\boxed{\text{設計数量（個）}} \times \boxed{\text{複合単価}}$

・記号を摘要欄に記載する。

208

Ⅲ　テレビ電波障害防除　1．テレビ電波障害防除設備

1-8
保安器

$\boxed{設計数量（個）} \times \boxed{複合単価}$

・記号を摘要欄に記載する。

1-9
混合（分波）器

$\boxed{設計数量（個）} \times \boxed{複合単価}$

・記号を摘要欄に記載する。

1-10
分岐器

$\boxed{設計数量（個）} \times \boxed{複合単価}$

・記号を摘要欄に記載する。

1-11
分配器

$\boxed{設計数量（個）} \times \boxed{複合単価}$

・記号を摘要欄に記載する。

1-12
機器収容箱

$\boxed{設計数量（個）} \times \boxed{複合単価}$

・記号を摘要欄に記載する。

1-13
据付費

$\boxed{据付費} \rightarrow$　1式（別紙明細）

別紙明細

・機器類及び盤類等の機器単価を別に計上する場合、取付費（結線費を含む。）を集計し1式として計上する。

・雑材料及び試験調整費は含まないものとし、別項目に計上する。

・製造業者又は専門工事業者の見積りによる場合は、数量等を確認し1式として計上してもよい。

1-14
試験調整費

$\boxed{試験調整費} \rightarrow$　1式（別紙明細）

別紙明細

・総合試験等のために必要な試験及び調整費を計上する。

・製造業者又は専門工事業者の見積りによる場合は、数量等を確認し1式として計上してもよい。

209

公共建築工事内訳書標準書式（設備工事編）の解説（電気設備）

1-15
諸経費

諸経費 → 1式（別紙明細）

別紙明細
・諸経費は、製造業者又は専門工事業者の必要経費であり法定福利費を含んだものとし、1式として計上する。

1-16
電線
ケーブル
ケーブルラック
ボックス類
支持材
接地工事
塗装工事

※直接仮設
※はつり工事
※取外し再取付け
※撤去

1．電灯設備 1-1 電灯幹線の当該事項による。

1-17
電柱
マンホール
ハンドホール
装柱材
支線
メッセンジャワイヤ
保護管
地中線埋設標識
防水鋳鉄管
運搬費
基礎
土工事

Ⅱ 屋外 1．構内配電線路 1-1 電力引込みの当該事項による。

210

公共建築工事内訳書標準書式（設備工事編）の解説（電気設備）記載例

第2節 工事費内訳書記載例

細目別内訳書　電灯設備・電灯分岐の例

備考欄に「◎別紙」と記載された細目は別紙明細書の記載例を掲載している。

直接工事費　細目別内訳

庁舎　電灯設備　電灯分岐						
名　　称	摘　　要	数量	単位	単　価	金　額	備　　考
LED 照明器具	LRS6-6600LM LX	35	個	27,900	976,500	
LED 照明器具	LRS6-6600LM LN	38	個	24,900	946,200	
LED 照明器具	LSS9-3200LM LN	18	個	15,000	270,000	
LED 照明器具	LSS9-3200LM LN 線ぴ取付け	10	個	13,900	139,000	
蛍光灯	SP-1	1	個	26,400	26,400	
蛍光灯	SP-2	50	個	16,400	820,000	
分電盤	L-1	1	面	983,000	983,000	
分電盤	L-2	1	面	1,460,000	1,460,000	
分電盤	L-3	1	面	1,430,000	1,430,000	
配線器具		1	式		2,098,580	◎別紙 00-0006
電線		1	式		454,810	◎別紙 00-0007
ケーブル		1	式		3,281,070	◎別紙 00-0008
電線管		1	式		513,720	◎別紙 00-0009
金属線ぴ		1	式		528,080	別紙 00-0010
ボックス類		1	式		370,950	別紙 00-0011
防火区画貫通処理等		1	式		92,000	別紙 00-0012
施工費		1	式		602,000	別紙 00-0013

公共建築工事内訳書標準書式（設備工事編）の解説（電気設備）記載例

別紙明細　電灯設備・電灯分岐・配線器具の例

直接工事費　別紙明細

庁舎　電灯設備　電灯分岐

名　　　称	摘　　要	数量	単位	単　価	金　額	備　考
配線器具		1	式		2,098,580	別紙 00-0006
フル２線式リモコンスイッチ（金属プレート付）	スイッチ１Ｌ	15	個	5,610	84,150	
フル２線式リモコンスイッチ（金属プレート付）	スイッチ５Ｌ	2	個	14,000	28,000	
フル２線式リモコンスイッチ（金属プレート付）	スイッチ６Ｌ	2	個	15,300	30,600	
フル２線式リモコンスイッチ（金属プレート付）	スイッチ７Ｌ	2	個	16,400	32,800	
フル２線式リモコンスイッチ（金属プレート付）	スイッチ10Ｌ	2	個	23,800	47,600	
フル２線式リモコンスイッチ（金属プレート付）	スイッチ11Ｌ	2	個	24,900	49,800	
フル２線式リモコンスイッチ（金属プレート付）	スイッチ12Ｌ	1	個	26,000	26,000	

別紙明細　電灯設備・電灯分岐・電線の例

直接工事費　別紙明細

庁舎　電灯設備　電灯分岐

名　　　称	摘　　要	数量	単位	単　価	金　額	備　考
電線		1	式		454,810	別紙 00-0007
600Ｖ耐燃性ポリエチレン絶縁電線（EM-IE）	1.6mm	538	m	250	134,500	
600Ｖ耐燃性ポリエチレン絶縁電線（EM-IE）	2.0mm	95	m	280	26,600	
600Ｖ耐燃性ポリエチレン絶縁電線（EM-IE）（PF管内）	1.6mm	505	m	230	116,150	
600Ｖ耐燃性ポリエチレン絶縁電線（EM-IE）（PF管内）	2.0mm	81	m	260	21,060	

212

公共建築工事内訳書標準書式（設備工事編）の解説（電気設備）記載例

別紙明細　電灯設備・電灯分岐・ケーブルの例

直接工事費　別紙明細

庁舎　電灯設備　電灯分岐						
名　　称	摘　　要	数量	単位	単　価	金　額	備　考
ケーブル		1	式		3,281,070	別紙 00-0008
600Vポリエチレン絶縁耐熱性ポリエチレンシースケーブル（EM-EEF）	1.6mm-　2C ピット・天井	867	m	290	251,430	
600Vポリエチレン絶縁耐熱性ポリエチレンシースケーブル（EM-EEF）	1.6mm-　3C ピット・天井	2,103	m	400	841,200	
600Vポリエチレン絶縁耐熱性ポリエチレンシースケーブル（EM-EEF）	2.0mm-　2C ピット・天井	225	m	390	87,750	
EM-FP-C ケーブル	2.0mm-　2C ピット・天井	62	m	750	46,500	
EM-AE ケーブル	1.2mm-　2C FEP内（PF・CD）	71	m	450	31,950	
EM-AE ケーブル	1.2mm-　2C ラック	25	m	580	14,500	
EM-AE ケーブル	1.2mm-　2C ピット・天井	223	m	400	89,200	
EM-FCPEE ケーブル	1.2mm-　1P ピット・天井	886	m	470	416,420	

別紙明細　電灯設備・電灯分岐・電線管の例

直接工事費　別紙明細

庁舎　電灯設備　電灯分岐						
名　　称	摘　　要	数量	単位	単　価	金　額	備　考
電線管		1	式		513,720	別紙 00-0009
ねじなし電線管（EP）	露出配管　19mm	1	m	1,030	1,030	
ねじなし電線管（EP）	露出配管　25mm	1	m	1,300	1,300	
合成樹脂可とう電線管（PF単層）	隠ぺい・埋込配管 16mm	385	m	590	227,150	
厚鋼電線管（GP）	露出配管　22mm	31	m	1,910	59,210	
耐衝撃性硬質ビニル管（HIVE）	（22）　地中	5	m	1,220	6,100	

第3章　機械設備工事

Ⅰ　庁舎　1．空気調和設備　1-1　機器設備

第1節　工事費内訳書標準書式

　機械設備工事の内訳書標準書式について、記載要領、注意点を示す。また、公共建築工事標準仕様書（機械設備編）（以下「標準仕様書（機械)」という。）に記載の主な項目についても記載要領、注意点等を示す。

1．標準内訳書の種目内訳において記載の無い科目別内訳（設備種目）については、設計図書に従い、適宜追加して記載する。

2．1式計上の細目の内、備考欄に「別紙明細」と記載された項目は、別紙明細を作成する。

3．※印がついている「項目」は、改修工事等の際に必要となる項目を示している。また、「解説」に※のついた項目は、改修工事の際の注意事項を示している。

4．☆印がついている「項目」は、改修工事等の際の撤去工事を各科目等に振り分けて表現する場合の項目を示している。

5．「解説」に複数の選択肢が有る項目は、その選択肢を（　）にて記述している。

6．本節で用いる主な単価は次による。

単価の表記	内　　容	使　用　例
機器単価	・機器の価格	冷凍機、空気調和機、ポンプ　等
複合単価	・材料＋労務（歩掛り）	配管、弁類　等
	・材料＋労務（市場単価）	ダンパー、制気口、衛生器具　等
	・労務	機器据付、総合調整、根切り（人力)、撤去　等
	・複合単価＋複合単価	桝類、弁装置　等
市場単価	・市場単価	保温、ダクト　等

7．本章で用いる機器及び器具等の「記号」は、公共建築設備工事標準図（機械設備編）（以下「標準図（機械)」という。）の種別記号及び機材編で示す記号を用いている。

Ⅰ　庁舎

1．空気調和設備

1-1
機器設備
**　一般事項**

　　1．機器には標準仕様書（機械）による付属品等を含むものとする。

（ボイラー）

1-1-1
鋼製ボイラー

　　　設計数量（基）　×　機器単価

　　　○記号（BS、BH)、仕様ごとに記載する。

　　　・「仕様」は、用途（温水、蒸気)、定格出力（kW）とする。

217

公共建築工事内訳書標準書式（設備工事編）の解説（機械設備）

・用途が蒸気の場合は使用蒸気圧力（MPa）を記載する。

・鋼製ボイラーには、炉筒煙管、水管、立形の分類もあるので記載項目に注意する。

1-1-2
鋳鉄製ボイラー

設計数量（基） × 機器単価

○記号（BS、BH）、仕様ごとに記載する。

・「仕様」は、用途（温水、蒸気）、定格出力（kW）とする。

・用途が蒸気の場合は使用蒸気圧力（MPa）を記載する。

（温水発生機）

1-1-3
真空式温水発生機

設計数量（基） × 機器単価

○記号（BHW）、仕様ごとに記載する。

・「仕様」は、型式（鋼板製、鋳鉄製）、用途（空調用、空調用＋給湯用）、定格出力（kW）とする。

1-1-4
無圧式温水発生機

設計数量（基） × 機器単価

○記号（BHW）、仕様ごとに記載する。

・「仕様」は、型式（鋼板製、鋳鉄製）、用途（空調用、空調用＋給湯用）、定格出力（kW）を記載する。

（冷凍機）

1-1-5
チリングユニット

設計数量（基） × 機器単価

○記号（RR）、仕様ごとに記載する。

・「仕様」は、形式（水冷式、空冷式）、冷凍能力（kW）とする。

・氷蓄熱用の場合は「氷蓄熱用」を記載する。

（モジュール形）

○記号（RR）、仕様ごとに記載する。

・「仕様」は、形式（水冷式、空冷式）、冷凍能力（kW）、モジュール数とする。

・氷蓄熱用の場合は「氷蓄熱用」を記載する。

1-1-6
空気熱源
ヒートポンプユニット

設計数量（基） × 機器単価

○記号（AHP）、仕様ごとに記載する。

218

Ⅰ　庁舎　1．空気調和設備　1-1　機器設備

・「仕様」は、冷凍能力（kW）、加熱能力（kW）とする。

・氷蓄熱用の場合は「氷蓄熱用」を記載する。

（モジュール形）　○記号（AHP）、仕様ごとに記載する。

・「仕様」は、冷凍能力（kW）、加熱能力（kW）、モジュール数とする。

・氷蓄熱用の場合は「氷蓄熱用」を記載する。

1-1-7
遠心冷凍機

設計数量（基） × 機器単価

○記号（RC）、仕様ごとに記載する。

・「仕様」は、冷凍能力（kW）とする。

・氷蓄熱用の場合は「氷蓄熱用」を記載する。

1-1-8
スクリュー冷凍機

設計数量（基） × 機器単価

○記号（RS）、仕様ごとに記載する。

・「仕様」は、冷凍能力（kW）とする。

・氷蓄熱用の場合は「氷蓄熱用」を記載する。

・熱回収式の場合は「熱回収式」を記載する。

1-1-9
吸収冷温水機

設計数量（基） × 機器単価

○記号（RH）、仕様ごとに記載する。

・「仕様」は、形式（単体形、組合せ形）、冷凍能力（kW）、加熱能力（kW）とする。

・高温再生器の種類（煙管式、液管式）を指定される場合があるので注意する。

（冷却塔）

1-1-10
冷却塔

設計数量（基） × 機器単価

○記号（CT）、仕様ごとに記載する。

・「仕様」は、形式（丸形、角形）、冷却能力（kW）とする。

・薬液注入装置付きの場合は「薬液注入装置付き」と記載する。

（ポンプ）

1-1-11
ボイラー給水ポンプ

設計数量（台） × 機器単価

219

公共建築工事内訳書標準書式（設備工事編）の解説（機械設備）

○記号（例：PB）、仕様ごとに記載する。

・「仕様」は、形式（横形、立形、渦流形）、給水量（L／min）、揚程（m）とする。

・防振架台付の場合は「防振架台付」と記載する。

1-1-12
真空給水ポンプ
ユニット

設計数量（台） × 機器単価

○記号（例：PV）、仕様ごとに記載する。

・「仕様」は、形式（真空ポンプ方式、エゼクター方式）、相当放熱面積（EDR m^2）、吐出圧力（MPa）とする。

・単式、複式があるので注意する。

1-1-13
オイルポンプ

設計数量（台） × 機器単価

○記号（PO）、仕様ごとに記載する。

・「仕様」は、形式（渦流形、歯車形）、吐出量（L／min）、吐出圧力（MPa）とする。

1-1-14
冷水ポンプ
温水ポンプ
冷温水ポンプ
冷却水ポンプ

設計数量（台） × 機器単価

○記号、仕様ごとに記載する。

・「記号」は、配管記号で表し、それぞれ PC、PH、PCH、PCD とする。

・「仕様」は、形式（片吸込、両吸込）、吐出量（L／min）、揚程（m）とする。

・ケーシングがステンレス製の場合は「ステンレス製」と記載する。

・防振架台付の場合は、「防振架台付」と記載する。

（タンク及び
　ヘッダー）

1-1-15
熱交換器

設計数量（基） × 機器単価

○記号（HE）、仕様ごとに記載する。

・「仕様」は、形式（多管形、プレート形）、交換熱量（kW）とする。

1-1-16
還水タンク

設計数量（基） × 機器単価

○記号（例：HWT）、仕様ごとに記載する。

・「仕様」は、容量（L）、材質（SUS 304製、SUS 316製、SUS 444製）、寸法 L（長さ）×W（幅）×H（高さ）（mm）とする。

220

I　庁舎　1．空気調和設備　1-1　機器設備

1-1-17
開放形膨張タンク

$\boxed{\text{設計数量（基）}} \times \boxed{\text{機器単価}}$

○記号（TE）、仕様ごとに記載する。

・「仕様」は、容量（L）、材質（鋼板製、ステンレス鋼板製）とする。

・壁掛型又は架台寸法がH＝1000と大幅に異なる場合は形状又は寸法を記載する。

・標準図（機械）を適用する場合は記号（例：TE-100）を併記する。

1-1-18
空調用密閉形隔膜式膨張タンク

$\boxed{\text{設計数量（基）}} \times \boxed{\text{機器単価}}$

○記号（TEX）、仕様ごとに記載する。

・「仕様」は、形式（ダイヤフラム式、ブラダー式）、全容量（L）、最大吸収量（L）とする。

1-1-19
オイルタンク

$\boxed{\text{設計数量（基）}} \times \boxed{\text{機器単価}}$

○記号（TO、TOSF）、仕様ごとに記載する。

・「仕様」は、材質（鋼板製、鋼製強化プラスチック製二重殻タンクなど）、容量（L）とする。

・標準図（機械）を適用する場合は記号（例：TO-3、TOSF-3）を併記する。

（付属品）

$\boxed{\text{1 式}}$ （別紙明細）

・オイルタンク付属品を1式で記載する。

・オイルタンクの価格に付属品を含む場合は記載しない。オイルタンクの項で「付属品含む」と記載する。

別紙明細

・付属品（ふた、漏えい検査管口、漏えい検査管ボックス、除水口、注油口など）を項目ごとに記載する。

1-1-20
オイルサービスタンク

$\boxed{\text{設計数量（基）}} \times \boxed{\text{機器単価}}$

○記号（TOS）、仕様ごとに記載する。

・「仕様」は、容量（L）とする。

・標準図（機械）を適用する場合は記号（例：TOS-100）を併記する。

公共建築工事内訳書標準書式（設備工事編）の解説（機械設備）

1-1-21
蒸気ヘッダー
冷水ヘッダー
温水ヘッダー
冷温水ヘッダー
エア抜きヘッダー

設計数量（基） × 機器単価

○記号、仕様ごとに記載する。

・「記号」は、用途別に HS、HC、HH、HCH 等とし、送り（S）、返り（R）を付記する。

・「仕様」は、寸法（口径（A）、全長（L））とする。

（空気調和機）

1-1-22
ユニット形空気調和機

設計数量（台） × 機器単価

○記号（ACU）、仕様ごとに記載する。

・「仕様」は、形式（立形、横形など）、冷却能力（kW）、加熱能力（kW）、送風機風量（m³／h）とする。

1-1-23
コンパクト形空気調和機

設計数量（台） × 機器単価

○記号（ACC）、仕様ごとに記載する。

・「仕様」は、形式（立形、横形など）、冷却能力（kW）、加熱能力（kW）、送風機風量（m³／h）、還風機風量（m³／h）とする。

1-1-24
ファンコイルユニット
カセット形ファンコイルユニット

設計数量（台） × 機器単価

○型番、形式ごとに記載する。

・「型番」は（FCU-3、FCU-4など）、「形式」は設置形式とし（FRH、FIH、CIS、CID、CK-1、CK-2など）とする。

1-1-25
パッケージ形空気調和機

設計数量（台） × 機器単価

○記号（ACP）、仕様ごとに記載する。

・「仕様」は、形式（冷房専用形、冷暖兼用形）、設置形式（FRV、WR、CK-2など）、冷房能力（kW）、暖房能力（冷暖兼用の場合）（kW）とする。

・防振架台付の場合は、「防振架台付」と記載する。

1-1-26
マルチパッケージ形空気調和機
（屋外機）

設計数量（台） × 機器単価

○記号（ACP）、仕様ごとに記載する。

・「仕様」は、「屋外機」、冷房能力（kW）、暖房能力（kW）とする。

・防振架台付の場合は、「防振架台付」と記載する。

222

I　庁舎　1．空気調和設備　1-1　機器設備

（屋内機）　　　　　$\boxed{\text{設計数量（台）}} \times \boxed{\text{機器単価}}$

○記号（ACP）、仕様ごとに記載する。

・「仕様」は、「屋内機」、設置形式（FRH、FIH、CIS、CID、CK-1、CK-2など）、冷房能力（kW）、暖房能力（kW）とする。

（付属品）　　　　　$\boxed{\text{1式}}$

・マルチパッケージ形空気調和機の付属品を1式で記載する。

・付属品には、個別リモコン、冷媒分配器等が含まれる。

（空気清浄装置）

1-1-27
パネル形エアフィルター　　　　　$\boxed{\text{設計数量（台）}} \times \boxed{\text{機器単価}}$

○記号（AFU）、仕様ごとに記載する。

・「仕様」は、再生方式（再生式、非再生式）、処理風量（m³／h）とする。

（予備品）　　　　　$\boxed{\text{1式}}$

・パネル形エアフィルターの予備品を1式で記載する。

注）他のエアフィルターにおいて、予備品がある場合は、同様に内訳を作成する。

1-1-28
折込み形エアフィルター　　　　　$\boxed{\text{設計数量（台）}} \times \boxed{\text{機器単価}}$

○記号（AFB）、仕様ごとに記載する。

・「仕様」は、形状（標準形、薄形）、形式（中性能、高性能、HEPA）、処理風量（m³／h）とする。

1-1-29
自動巻取形エアフィルター　　　　　$\boxed{\text{設計数量（台）}} \times \boxed{\text{機器単価}}$

○記号（AFR）、仕様ごとに記載する。

・「仕様」は、形式（立形、横型）、処理風量（m³／h）とする。

1-1-30
電気集じん器　　　　　$\boxed{\text{設計数量（台）}} \times \boxed{\text{機器単価}}$

○記号（AFER、AFEU）、仕様ごとに記載する。

・「仕様」は、アフターフィルター形式（自動巻取形、パネル形）、形式（立形、横形）、処理風量（m³／h）とする。

公共建築工事内訳書標準書式（設備工事編）の解説（機械設備）

（その他）

1-1-31
煙道

| 1式 |
- 煙道を1式で記載する。
- 材質（鋼板製など）、板厚（mm）を記載する。
- 煙道には伸縮継手、掃除口、ばいじん量測定口等を含む。

1-1-32
ばい煙濃度計

| 設計数量(組) | × | 複合単価 |
- 投光器、受光器、指示計を含めて1組として記載する。

1-1-33
油面制御装置

| 設計数量(組) | × | 機器単価 |
- 油面検出部と液面制御盤を含めて1組として記載する。
- 形式（ポンプ発停＋異常警報、ポンプ発停＋返油ポンプ発停＋異常警報）を記載する。

1-1-34
遠隔油量指示計

| 設計数量(組) | × | 機器単価 |
- 油面位置検出部、指示ユニットおよび指示ボックスを含めて1組として記載する。
- 液面位置検出部の形式（抵抗変化式液面計、磁歪式液面計）を記載する。
- 副指示計を設ける場合は「副指示計付」と記載する。

1-1-35
保温

| 1式 |（別紙明細）
- 機器の保温を1式で記載する。
- ダクト、配管等の保温は、1-2　ダクト設備、1-3　配管設備の当該項目に記載する。

別紙明細
- 機器及び保温材の材質、外装材の仕様ごとに記載する。

冷温水ヘッダー
（グラスウール・カラー亜鉛鉄板）| 設計数量(m²) | × | 複合単価 |

1-1-36
塗装

| 1式 |（別紙明細）
- 機器に行う塗装を1式で記載する。

Ⅰ　庁舎　1．空気調和設備　1-1　機器設備

別紙明細

・機器及び塗装の状態（外面など）ごとに記載する。

・工場塗等により機器の価格に塗装が含まれている場合は除く。

鋼板製タンク（外面）

　（例：TOS-100）　　　　　　　　　　　設計数量(m^2)　×　複合単価

架台

　（例：TOS-100（調合ペイントの場合））　設計数量(m^2)　×　複合単価

1-1-37
文字標識等

1式　（別紙明細）

・機器への名称・記号の表示、配管及びダクトへの用途・流れの方向の表示、弁の開閉の表示等の文字標識等を1式で記載する。

別紙明細

・文字標識等は、建物の延べ面積（m^2）による。

・空気調和設備工事（換気設備、排煙設備を含む）における文字標識等は、空気調和設備工事の主な科目の中科目に空気調和設備工事分を一括で記載する。

※改修工事に用いる建物の延べ面積（m^2）は、改修工事の内容・範囲等を考慮するものとする。

文字標識等　　　　　　　　　　　　　建物延べ面積(m^2)による複合単価

1-1-38
搬入・据付費

1式　（別紙明細）

・機器の搬入費及び据付費を1式で記載する。

・搬入費は、機器を現場敷地内の仮置場から設置場所まで運び入れ、基礎上に仮据付を行う費用である。単独の機器の質量が100kg以上の機器に適用する。

・機器単価に据付費が含まれる場合もあるので注意する。

別紙明細

・機器ごとに搬入費、据付費を分けて記載する。

・搬入費は、機器ごとに記号、容積品又は重量品の補正率適用要件を記載する。

・据付費は、機器ごとに記号、据付費の適用要件（○○ kW 以下など）、防振架台（付・無）、設置形式を記載する。

・搬入費及び据付費をそれぞれまとめて記載してもよい。

公共建築工事内訳書標準書式（設備工事編）の解説（機械設備）

（機器ごとに搬入費、据付費の複合単価を作成した場合の例）

搬入費（タンク）（200kg／m³未満）

$$\boxed{質量（t）} × \boxed{複合単価［搬入基準単価（円／t）×容積品補正率］}$$

搬入費（ポンプ）（250kg以下）

$$\boxed{質量（t）} × \boxed{複合単価［搬入基準単価（円／t）×重量品補正率］}$$

据付費（タンク）（例：TE-100）　$\boxed{設計数量（基）} × \boxed{複合単価}$

据付費（ポンプ）（5.5W以下）　$\boxed{設計数量（台）} × \boxed{複合単価}$

（据付費、搬入費をまとめて計算する例）

搬入費（1式）

$$\boxed{\Sigma［質量（t）×重量品又は容積品の補正率］} × \boxed{搬入基準単価（円／t）}$$

据付費（1式）　$\boxed{\Sigma 設計数量（人）} × \boxed{複合単価}$

1-1-39
機器用基礎

$\boxed{1 式}$（別紙明細）

・機器用のコンクリート基礎を1式で記載する。

別紙明細

・コンクリート基礎は、コンクリート、鉄筋、型枠及びモルタルに区分して記載する。

コンクリート　　　　　$\boxed{設計数量（m³）} × \boxed{複合単価}$

鉄筋　　　　　　　　　$\boxed{設計数量（kg）} × \boxed{複合単価}$

型枠　　　　　　　　　$\boxed{設計数量（m²）} × \boxed{複合単価}$

モルタル　　　　　　　$\boxed{設計数量（m²）} × \boxed{複合単価}$

1-1-40
架台類

$\boxed{1 式}$（別紙明細）

・形鋼類を使用した機器用の架台類を1式で記載する。

別紙明細

・機器用架台は鋼材、塗装、コンクリート基礎を区分して記載する。

I 庁舎 1．空気調和設備 1-1 機器設備

鋼材（形鋼）	設計数量(kg)	×	複合単価
鋼材塗装（溶融亜鉛メッキ）	設計数量(kg)	×	複合単価
コンクリート	設計数量(m^3)	×	複合単価
鉄筋	設計数量(kg)	×	複合単価
型枠	設計数量(m^2)	×	複合単価
モルタル	設計数量(m^2)	×	複合単価

1-1-41
※取外し再取付け

1式 （別紙明細）

・改修工事における再使用する機器の取外し費及び再取付け費を1式で記載する。

別紙明細

・機器ごとに取外し費、再取付費を記載する。

・取外し・再取付けの記載方法は、「1-1-38 搬入・据付費」の項の据付費による。

・増設する機器の搬入・据付費の項目に含めて記載してもよい。

| ポンプ（取外し） | 設計数量(台) | × | 複合単価 |
| ポンプ（再取付け） | 設計数量(台) | × | 複合単価 |

1-1-42
※はつり補修

1式 （別紙明細）

・改修工事における機器設置に伴うはつり補修が必要となる場合に1式で記載する。

別紙明細

・はつり補修は、工法（手はつり、機械はつり）、はつりの種類（貫通口はつり、溝はつり、面はつり）、寸法及びか所数を記載する。

・撤去したコンクリートがらの処理は「14. 発生材処理」による。

| 手はつり（面はつり） | 設計数量(m^2) | × | 複合単価 |

1-1-43
※直接仮設

1式 （別紙明細）

・改修工事において、足場、仮設間仕切り、養生、整理清掃後片付け等が図面等に記載された場合に1式で記載する。

227

公共建築工事内訳書標準書式（設備工事編）の解説（機械設備）

別紙明細

・足場、仮設間仕切り、養生、整理清掃後片付け等を区分して記載する。

・足場は、種類、設置期間（月）を記載する。

・足場の種別は、（脚立足場、枠組み棚足場、枠組み足場、単管足場、移動足場、高所作業車など）、種別に応じた規格とする。なお、安全手すり、災害防止用ネットなどの災害防止対策が必要な場合は記載する。

・仮設間仕切りは、種類ごとに記載する。

・養生は、種類（合板、ビニルシート、樹脂マットなど）ごとに記載する。

・整理清掃後片付けは、養生と同じ範囲とする。

> 内部足場
>
> （枠組み棚足場、5.0m以上5.7m未満） 設計数量（m²） × 複合単価
>
> 養生（ビニルシート） 設計数量（m²） × 複合単価

1-1-44
※☆撤去

1式 （別紙明細）

・改修工事における撤去工事を各科目の細目に振り分けて記載する場合の例を示す。

・機器及び機器の保温の撤去を1式で記載する。

別紙明細

・機器、保温を区分して記載する。

・機器、保温等の記載方法は、「Ⅰ　庁舎　13. 撤去工事」の当該事項による。

1-2
ダクト設備
1-2-1
長方形ダクト

設計数量（m²） × 市場単価

○板厚ごとに記載する。

・「板厚」は、工法（アングルフランジ工法、共板フランジ工法など）、ダクト区分（低圧）、板厚（0.5㎜、0.6㎜、0.8㎜、1.0㎜、1.2㎜）とする。

・低圧ダクトの市場単価にはインサートが含まれていないので注意する。

・高圧ダクトは複合単価（アングル工法ダクト）を使用するので注意する。

1-2-2
スパイラルダクト

設計数量（m） × 市場単価

○口径ごとに記載する。

・スパイラルダクトの市場単価にはインサートが含まれていないので注意する。

・低圧ダクト（直径350㎜超え）及び高圧ダクトは複合単価を使用するので注意す

Ⅰ　庁舎　1．空気調和設備　1-2　ダクト設備

る。

1-2-3
鋼板製ダクト

$\boxed{設計数量（m^2）} \times \boxed{複合単価}$

○板厚1.6mmの鋼板製ダクトを記載する。

・板厚（mm）を記載する。

1-2-4
フレキシブルダクト

$\boxed{設計数量（本）} \times \boxed{複合単価}$

○仕様ごとに記載する。

・「仕様」は、口径（mm）、断熱材（付・無）とする。

1-2-5
シーリングディフューザー

$\boxed{設計数量（個）} \times \boxed{複合単価}$

○記号、寸法ごとに記載する。

・「記号」は（C 2、EA など）、「寸法」はネック口径に対応する形番（12.5、15、20など）とする。

1-2-6
ユニバーサル形吹出口

$\boxed{設計数量（個）} \times \boxed{複合単価}$

○記号、寸法ごとに記載する。

・「記号」は（VH、VHS など）、「寸法」はW（幅）×H（高さ）（mm）とする。

1-2-7
線状吹出口

$\boxed{設計数量（個）} \times \boxed{複合単価}$

○記号、寸法ごとに記載する。

・「記号」は（BL-D、TL、CL など）、「寸法」は長さ（mm）とする。

1-2-8
吸込口

$\boxed{設計数量（個）} \times \boxed{複合単価}$

○記号、寸法ごとに記載する。

・「記号」は（GV、GVS など）、「寸法」はW（幅）×H（高さ）（mm）とする。

1-2-9
定風量ユニット

$\boxed{設計数量（台）} \times \boxed{複合単価}$

○記号（CAV）、仕様ごとに記載する。

・「仕様」は、形式（メカニカル形、風速センサー形）、風量（m³／h）、消音ボックス（有・無）とする。

公共建築工事内訳書標準書式（設備工事編）の解説（機械設備）

1-2-10
変風量ユニット

設計数量（台） × 複合単価

○記号（VAV）、仕様ごとに記載する。

・「仕様」は、形式（風速センサー形）、風量（m³／h）、消音ボックス（有・無）とする。

1-2-11
風量調節ダンパー
防火ダンパー
防火防煙ダンパー
ピストンダンパー
逆流防止ダンパー

設計数量（個） × 複合単価

○記号、寸法ごとに記載する。

・「記号」は（VD、FD、SFD、PD、CD など）、「寸法」はW（幅）×H（高さ）（㎜）とする。

1-2-12
ベントキャップ

設計数量（個） × 複合単価

○材質、形状、口径ごとに記載する。

・「材質」は（ステンレス製、アルミニウム製など）、「形状」は（球形フード付き、深型フード付きなど）、「口径」は（100㎜、150㎜、200㎜など）とする。

1-2-13
温度計

設計数量（個） × 複合単価

○形式ごとに記載する。

・「形式」は、（L形、バイメタル式）とする。

1-2-14
風量測定口

設計数量（個） × 複合単価

・材質、形式ごとに記載する。

・「材質」は（アルミニウム合金製、亜鉛合金製）とし、材質の指定があった場合に記載する。

・「形式」は、（直取付け形、保温取付け形）とする。

1-2-15
たわみ継手

1式 （別紙明細）

・たわみ継手を1式で記載する。

別紙明細

・遠心送風機と接続するたわみ継手においては、吸込形式（片吸込、両吸込）、呼び番号ごとに記載する。

・ダクト、空気調和機等と接続するたわみ継手は、周長（m）を記載する。

230

I　庁舎　1．空気調和設備　1-2　ダクト設備

| 片吸込形送風機（No.2以下など） | 設計数量(組) | × | 複合単価 |
| たわみ継手（ダクト用） | 設計数量(m) | × | 複合単価 |

1-2-16
消音エルボ

1式 （別紙明細）

・消音エルボを1式で記載する。

別紙明細

・消音エルボを展開し、構成部材（チャンバー（鉄板）、消音内貼り、インサート）ごとに記載する。
・チャンバーの市場単価にはインサートが含まれていないので注意する。
・消音エルボごとの複合単価としてもよい。

チャンバー（板厚0.5mm）	設計数量(m^2)	×	市場単価
消音内貼り（消音チャンバー、保温厚25）	設計数量(m^2)	×	市場単価
塗装	設計数量(m^2)	×	複合単価
インサート	設計数量(個)	×	複合単価

1-2-17
チャンバー類

1式 （別紙明細）

・チャンバー類を1式で記載する。

別紙明細

・チャンバーを展開し、構成部材（チャンバー（鉄板）、消音内貼り又は保温、塗装、点検口、インサートなど）ごとに記載する。
・チャンバー（鉄板）は、板厚ごとに記載する。
・チャンバーの市場単価にはインサートが含まれていないので注意する。
・消音内貼りは、材質（グラスウール、ロックウール）、用途（サプライチャンバー、消音チャンバー）に区分して記載する。
・保温は、ダクトの種類（長方形ダクト）、保温の種類（グラスウール、ロックウール）、施工箇所（屋内露出、機械室、天井内など）、保温厚さごとに記載する。
・点検口はサイズごとに区分して記載する。
・チャンバーごとの複合単価としてもよい。

231

公共建築工事内訳書標準書式（設備工事編）の解説（機械設備）

チャンバー（板厚0.5mm）　設計数量(m²) × 市場単価

消音内貼り（消音チャンバー、保温厚25）　設計数量(m²) × 市場単価

塗装　設計数量(m²) × 複合単価

点検口（450×450）　設計数量(個) × 複合単価

インサート　設計数量(個) × 複合単価

（チャンバーごとの複合単価とした場合）

チャンバーA　設計数量(個) × 複合単価

チャンバーB　設計数量(個) × 複合単価

1-2-18
制気口ボックス類

1式 （別紙明細）

・制気口ボックス類を1式で記載する。

別紙明細

・記載方法は、「1-2-17　チャンバー類」による。
・既製品ボックス類は、規格（ネック寸法、吹出口長辺寸法など）、ボックス寸法ごとに区分して個数で記載する。

1-2-19
保温

1式 （別紙明細）

・ダクト設備にかかる保温を1式で記載する。

別紙明細

・ダクトの種類（長方形ダクト、スパイラルダクト）に区分し、保温の種類（グラスウール、ロックウール）、施工箇所（屋内露出、機械室、天井内など）、保温厚さ、口径（スパイラルダクトの場合）ごとに記載する。

長方形ダクト（GW、機械室、保温厚25）　設計数量(m²) × 市場単価

スパイラルダクト
（GW、天井内、保温厚25、200φ）　設計数量(m) × 市場単価

1-2-20
塗装

1式 （別紙明細）

・ダクト設備にかかる塗装を1式で記載する。

232

Ⅰ　庁舎　1．空気調和設備　1-2　ダクト設備

別紙明細
・ダクトの種類（亜鉛鉄板製、鋼板製）、塗装箇所（露出など）に区分して記載する。

1-2-21
※取外し再取付け

1式 （別紙明細）

・改修工事における再使用するダクト、ダンパー、制気口等の取外し費及び再取付け費を1式で記載する。
・取外し再取付けは、取外し及び再取付け又は再使用可能な状態で取外す場合に適用する。

別紙明細
・ダクト、ダンパー、制気口等の項目ごとに記載する。

ＶＤ－450×450（取外し再取付け） 設計数量(個) × 複合単価

1-2-22
※あと施工アンカー

1式 （別紙明細）

・改修工事におけるダクト等の吊り、支持、固定に用いるあと施工アンカーを1式で記載する。

別紙明細
・あと施工アンカーの種類（金属系、接着系など）、仕様（アンカー軸部の直径（mm）など）、施工部位（床、壁、天井）ごとに記載する。

1-2-23
※ダクト分岐・閉塞

1式 （別紙明細）

・改修工事におけるダクトの分岐及び閉塞工事を1式で記載する。

別紙明細
・ダクトの分岐及び閉塞は保温（有・無）に区分して記載する。
・ダクトの分岐は既設ダクトの1m分の面積又は長さの撤去、新設とする。対象範囲が記載された場合はその数量とする。
・保温は、既設ダクトの撤去範囲に撤去に伴う保温の解れ等を考慮した面積又は長さの撤去、新設とする。対象範囲が記載された場合は記載された数量の撤去、新設とする。
・ダクトの閉塞は、開口部の面積ごとに記載する。
・保温有のダクトの閉塞は保温の新設が必要となるので注意する。

233

公共建築工事内訳書標準書式（設備工事編）の解説（機械設備）

（長方形ダクトの分岐の例）

長方形ダクト（撤去）共板フランジ、0.5mm	設計数量（m²） ×	複合単価
保温（撤去）（GW、機械室、保温厚25）	設計数量（m²） ×	複合単価
長方形ダクト（新設）共板フランジ、0.5mm	設計数量（m²） ×	市場単価
保温（新設）（GW、機械室、保温厚25）	設計数量（m²） ×	市場単価

1-2-24
※清掃・洗浄等

1式 （別紙明細）

・改修工事におけるダンパー、制気口類等の取外しに伴う再使用資機材の清掃・洗浄等を1式で記載する。

別紙明細
・対象資機材、種類及び清掃・洗浄方式ごとに記載する。

1-2-25
※直接仮設

1式 （別紙明細）

・改修工事において、足場、仮設間仕切り、養生、整理清掃後片付け等が図面等に記載された場合に1式で記載する。

別紙明細
・足場、仮設間仕切り、養生、整理清掃後片付け等を区分して記載する。
・足場は、種類、設置期間（月）を記載する。
・足場の種別は、（脚立、単管足場、枠組み足場、移動足場、高所作業車など）、種別に応じた規格とする。なお、安全手すり、災害防止用ネットなどの災害防止対策が必要な場合は記載する。
・仮設間仕切りは、種類ごとに記載する。
・養生は、種類（合板、ビニルシート、樹脂マットなど）ごとに記載する。
・整理清掃後片付けは、養生と同じ範囲とする。

内部足場（脚立足場）	設計数量（m²） ×	複合単価
養生（ビニルシート）	設計数量（m²） ×	複合単価

1-2-26
※☆撤去

1式 （別紙明細）

・改修工事における撤去工事を各科目の細目に振り分けて記載する場合の例を示す。

234

Ⅰ　庁舎　1．空気調和設備　1-3　配管設備

・ダクト類及びダクトの保温の撤去を1式で記載する。

　　別紙明細
　　・ダクト類、保温を区分して記載する。
　　・ダクト類、保温等の記載方法は、「Ⅰ　庁舎　13．撤去工事」の当該事項による。

1-3
配管設備

1-3-1
冷温水管
冷却水管
蒸気管
油管
補給水管
ドレン管

設計数量（m）　×　複合単価

○管種、接合方法、呼び径、区分ごとに記載する。
・用途（冷温水管、冷却水管、蒸気管など）ごとに区分して記載する。
・「管種」は、（配管用炭素鋼鋼管（白）、配管用炭素鋼鋼管（黒）、一般配管用ステンレス鋼鋼管など）とする。
・「接合方法」は、（ねじ、フランジ、溶接など）とする。
・「区分」は施工箇所とし、（屋内一般、機械室・便所、架空）とする。
※改修工事の配管の複合単価には、はつり補修を含まない単価を使用するので注意する。

1-3-2
仕切弁
バタフライ弁
逆止弁
玉形弁
ボール弁

設計数量（個）　×　複合単価

○材質、接合方法、耐圧、呼び径ごとに記載する。
・「材質」は、（青銅製、鋳鉄製、ステンレス製など）とする。
・「接合方法」は、（ねじ込み形、フランジ形、ウェハー形など）とする。
・「耐圧」は、JIS規格又はJV規格による（5K、10K、16K、20K）とする。

1-3-3
Y形ストレーナー

設計数量（個）　×　複合単価

○材質、接合方法、耐圧、呼び径ごとに記載する。
・「材質」は、（青銅製、鋳鉄製、ステンレス製など）とする。
・「接合方法」は、（ねじ込み形、フランジ形など）とする。
・「耐圧」は、JIS規格又はJV規格による（10K、20K）とする。

1-3-4
トラップ装置

設計数量（組）　×　複合単価

○用途、呼び径ごとに記載する。
・「用途」は、（高圧、低圧、多量など）とする。
・「呼び径」は、トラップの呼び径（A）とする。

公共建築工事内訳書標準書式（設備工事編）の解説（機械設備）

1-3-5
弁装置

設計数量（組） × 複合単価

○用途、呼び径ごとに記載する。

・制御弁の種別（二方弁、三方弁、減圧弁、温度調節弁、電磁弁など）ごとに区分して記載する。

・「用途」は、（冷温水、冷水、温水、蒸気、補給水など）とする。

・「呼び径」は、主管の呼び径（A）×制御弁の呼び径（A）とする。

1-3-6
伸縮管継手

設計数量（個） × 複合単価

○用途、形式、呼び径ごとに記載する。

・「用途」は、（鋼管用、銅管用）とする。

・「形式」は、（ベローズ形（単式、複式）、スリーブ形）とする。

1-3-7
防振継手

設計数量（個） × 複合単価

○材質、呼び径ごとに記載する。

・「材質」は、（合成ゴム製など）とする。

1-3-8
温度計

設計数量（個） × 複合単価

○形式ごとに記載する。

・「形式」は、（ブルドン管、L形、バイメタル式）とする。

・ボイラー及び貯湯タンクに取り付ける温度計は、ブルドン管膨張式円形指示計となるので注意する。

・バイメタル式の場合は、目盛板外径がポンプ廻りは75㎜以上、その他は100㎜以上と規定されているので注意する。

1-3-9
圧力計

設計数量（組） × 複合単価

○用途ごとに記載する。

・「用途」は、（水用、蒸気用など）とする。

1-3-10
瞬間流量計

設計数量（個） × 複合単価

○形式ごとに記載する。

・「形式」は、（固定式、着脱式）とする。

・着脱式は、計測部と流量指示部に区分して記載する。なお、計測部は取付け管の呼び径（A）ごととする。

236

I　庁舎　1．空気調和設備　1-3　配管設備

1-3-11
空調用トラップ
間接排水口

設計数量（個） × 複合単価

○呼び径ごとに記載する。

・排水金具は、空調用トラップ、間接排水口等種類ごとに区分して記載する。

1-3-12
冷媒管

1式 （別紙明細）

・冷媒管を1式で記載する。

別紙明細

・管種、呼び径ごとに記載する。

・「管種」は、（断熱材被覆銅管など）とし、ガス管、液管を区分して記載する。

・「呼び径」は、銅管の外径（6.35、9.52、12.70、15.88など）とし、用途（液管、ガス管）、保温厚（8㎜、10㎜、20㎜など）ごとに区分して記載する。

1-3-13
合成樹脂製支持受

1式 （別紙明細）

・冷水、冷温水配管の支持に使用する合成樹脂製支持受を1式で記載する。

別紙明細

・呼び径ごとに記載する。

1-3-14
保温

1式 （別紙明細）

○配管における保温を1式で記載する。

別紙明細

・用途、施工箇所、保温の種類、呼び径ごとに記載する。

・「用途」は配管の用途とし、（冷温水管、冷水管、温水管、蒸気管、ドレン管など）とする。

・「施工箇所」は、（屋内露出、機械室・書庫・倉庫、天井内・パイプシャフト内、暗渠内、屋外露出）とする。

・「保温の種類」は、（グラスウール保温材、ロックウール保温材、ポリスチレンフォーム保温材）とする。

冷温水配管

　（屋内露出、GW、50A）　　設計数量（m） × 市場単価

237

公共建築工事内訳書標準書式（設備工事編）の解説（機械設備）

1-3-15
塗装

1式 （別紙明細）

○配管における塗装を1式で記載する。

別紙明細

・用途、管種、施工箇所、呼び径ごとに記載する。
・「用途」は、（冷却水管、蒸気管、油管、ドレン管など）とする。
・「管種」は、（配管用炭素鋼鋼管（白）、配管用炭素鋼鋼管（黒））とする。
・「施工箇所」は、（露出、隠ぺい）とする。

蒸気管（配管用炭素鋼鋼管（黒））（露出、50A） 設計数量(m) × 複合単価

1-3-16
架台類

1式 （別紙明細）

・屋上及び機械室内等の配管架台類を1式で記載する。

別紙明細

・鋼材、鋼材塗装、コンクリート基礎ごとに記載する。
・「鋼材」は、（形鋼、ステンレス製形鋼など）とする。
・「鋼材塗装」は、（露出、隠ぺい）とする。
・「コンクリート基礎」は、コンクリート、鉄筋、型枠、モルタルとする。
・架台ごと1組の複合単価として記載してもよい。

鋼材（形鋼） 設計数量(kg) × 複合単価

鋼材塗装（露出） 設計数量(m²) × 複合単価

コンクリート 設計数量(m³) × 複合単価

鉄筋 設計数量(kg) × 複合単価

型枠 設計数量(m²) × 複合単価

モルタル 設計数量(m²) × 複合単価

（1組の複合単価とした場合）

配管支持架台A 設計数量(組) × 複合単価

配管支持架台B 設計数量(組) × 複合単価

1-3-17
形鋼振れ止め支持

1式 （別紙明細）

・配管に形鋼振れ止め支持が必要な場合に1式で記載する。

Ⅰ　庁舎　1．空気調和設備　1-3　配管設備

別紙明細

・形鋼振れ止め支持は、対象となる配管工事の工事費に対する率で計算する。

1-3-18
防火区画貫通処理

| 1式 | （別紙明細）

・防火貫通処理を1式で記載する。

別紙明細

・施工部位（床、壁）、適合貫通穴呼び径（100、150など）ごとに記載する。

1-3-19
スリーブ

| 1式 | （別紙明細）

・配管工事に伴うスリーブを1式で記載する。

別紙明細

・スリーブは、配管工事の工事費に対する率（空気調和設備工事の率）で計算する。なお、鉄筋コンクリート造、鉄骨鉄筋コンクリート造により率が異なるので注意する。

※改修工事におけるスリーブは、はつり補修費として別計上するので記載しない。

1-3-20
デッキプレート開口切断

| 1式 | （別紙明細）

・躯体にデッキプレートを使用している場合の、配管工事用のデッキプレート開口切断を1式で記載する。

別紙明細

・デッキプレート開口切断は、配管工事の工事費に対する率（空気調和設備工事の率）で計算する。

※改修工事におけるデッキプレート開口切断は、はつり補修費として別計上するので記載しない。

1-3-21
※あと施工アンカー

| 1式 | （別紙明細）

・改修工事における配管等の吊り、支持、固定に用いるあと施工アンカーを1式で記載する。

239

公共建築工事内訳書標準書式（設備工事編）の解説（機械設備）

別紙明細

・あと施工アンカーの種類（金属系、接着系など）、仕様（アンカー軸部の直径（mm）、有効長さ（mm）、引抜許容荷重（kg／cm²））、施工部位（床、壁、天井）ごとに記載する。

1-3-22
※配管分岐・閉塞

1 式 （別紙明細）

・改修工事における配管の分岐及び閉塞工事を 1 式で記載する。

別紙明細

・配管の分岐は、既設配管の、管種（鋼管、樹脂管）、保温（有・無）、呼び径（A）ごとに記載する。

・配管の閉塞は、呼び径（A）ごとに記載する。

1-3-23
※取外し再取付け

1 式 （別紙明細）

・改修工事における弁類等配管付属品の取外し再取付けを 1 式で記載する。

・取外し再取付けは、取外し及び再取付け又は再使用可能な状態で取外す場合に適用する。

別紙明細

・弁類、継手類、計器類等の項目ごとに記載する。

・取外し、再取付けを合わせた複合単価としてもよい。

（取外し・再取付けを合わせた場合）

仕切弁　5 K（ねじ）50 A（取外し・再取付け） 設計数量（個） × 複合単価

1-3-24
※はつり補修

1 式 （別紙明細）

・改修工事、撤去工事における配管工事等で、はつり補修が必要となる場合に 1 式で記載する。

別紙明細

・改修工事、撤去工事に伴うはつり補修は、工法（手はつり、機械はつり）、はつりの種類（貫通口はつり、溝はつり）、はつり箇所の材質、寸法ごとのか所数を記載する。

・撤去したコンクリートがらの処理は「14. 発生材処理」による。

240

Ⅰ　庁舎　1．空気調和設備　1-3　配管設備

機械はつり（ダイヤモンドカッターによる配管貫通口）

（コンクリート、100φ、150 t ）　設計数量（か所）× 複合単価

手はつり（溝はつり、75㎜×75㎜）　設計数量（m）× 複合単価

1-3-25
※清掃・洗浄等

1式 （別紙明細）

・改修工事における弁類等の取外しに伴う再使用資機材の清掃・洗浄等を1式で記
　載する。

別紙明細

・対象資機材、種類及び方式ごとに記載する。

1-3-26
※直接仮設

1式 （別紙明細）

・改修工事において、足場、仮設間仕切り、養生、整理清掃後片付け等が図面等に
　記載された場合に1式で記載する。

別紙明細

・足場、仮設間仕切り、養生、整理清掃後片付け等を区分して記載する。
・「足場」は、種別、設置期間（月）を記載する。
・足場の「種別」は、（脚立、単管足場、枠組み足場、移動足場、高所作業車な
　ど）、種別に応じた規格とする。なお、安全手すり、災害防止用ネットなどの
　災害防止対策が必要な場合は記載する。
・「仮設間仕切り」は、種類ごとに記載する。
・「養生」は、種類（合板、ビニルシート、樹脂マットなど）ごとに記載する。
・「整理清掃後片付け」は、養生と同じ範囲とする。

外部足場

（枠組み足場、900枠、20m、期間30日）設計数量（m²）× 複合単価

養生（ビニルシート）　設計数量（m²）× 複合単価

1-3-27
※☆撤去

1式 （別紙明細）

○改修工事における撤去工事を各科目の細目に振り分けて記載する場合の例を示
　す。
・配管類及び配管の保温の撤去を1式で記載する。

241

公共建築工事内訳書標準書式（設備工事編）の解説（機械設備）

別紙明細

・配管類、保温を区分して記載する。

・配管類、保温等の記載方法は、「Ⅰ　庁舎　13.　撤去工事」の当該事項による。

1-4
総合調整
　1-4-1
　　総合調整費

1式 （別紙明細）

・工事完成前に行う空調及び温風暖房等の総合調整（風量調整、水量調整など）を
1式で記載する。

別紙明細

・機器、ダクト、配管ごとに記載する。

・主機械室内機器の調整は、建物延べ面積（m²）による。

・各階の空調機器の調整は、機械室の機器（空調機など）及びファンコイルユニットとする。

・ダクトは、空気調和設備における長方形ダクトは面積（m²）、スパイラルダクトは長さ（m）とする。

・配管は、空気調和設備における配管（直暖房用の蒸気管、油管、通気管、冷媒管は除く）の総延長（m）とする。

※改修工事における総合調整の範囲は、設計図書に記載された機器、ダクト、配管とする。

配管系統	配管総延長(m) × 複合単価
ダクト系統	長方形ダクト面積(m²) × 複合単価
	スパイラルダクト長さ(m) × 複合単価
主機械室内機器	建物延べ面積（m²）による複合単価
各階機械室内機器	ユニット形空調機台数(台) × 複合単価
ファンコイルユニット	ファンコイルユニット台数(台) × 複合単価

242

Ⅰ　庁舎　2．換気設備

2．換気設備

2-1
機器設備

2-1-1
遠心送風機

$\boxed{\text{設計数量(台)}} \times \boxed{\text{機器単価}}$

○記号（FS、FE）、仕様ごとに記載する。

・「仕様」は、形式（床置形、天井吊形など）、風量（$\mathrm{m^3/h}$）とする。

・防振架台付の場合は、「防振架台付」と記載する。

2-1-2
消音ボックス付送風機

$\boxed{\text{設計数量(台)}} \times \boxed{\text{機器単価}}$

○記号（FS、FE）、仕様ごとに記載する。

・「仕様」は、形式（遠心式、斜流式など）、風量（$\mathrm{m^3/h}$）とする。

2-1-3
全熱交換ユニット

$\boxed{\text{設計数量(台)}} \times \boxed{\text{機器単価}}$

○記号（HEU）、仕様ごとに記載する。

・「仕様」は、形式（天井隠ぺい形、カセット形、換気扇形など）、風量（$\mathrm{m^3/h}$）とする。

（予備品）

$\boxed{\text{1 式}}$

・全熱交換ユニットのフィルター等の予備品がある場合に1式で記載する。

2-1-4
圧力扇

$\boxed{\text{設計数量(台)}} \times \boxed{\text{機器単価}}$

○記号（例：FV）、仕様ごとに記載する。

・「仕様」は、羽根径（ϕ）とする。

パネル形エアフィルター
パネル形エアフィルター（予備品）
自動巻取形エアフィルター
電気集じん器
搬入・据付費
機器用基礎

1．空気調和設備　1-1　機器設備の当該事項による。

243

公共建築工事内訳書標準書式（設備工事編）の解説（機械設備）

※取外し再取付け
※はつり補修
※直接仮設
※☆撤去

　　1．空気調和設備　1-1　機器設備の当該事項による。

2-2
ダクト設備
　2-2-1
　　長方形ダクト

　　設計数量（㎡）　×　機器単価

○板厚ごとに記載する。

・「板厚」は、工法（アングルフランジ工法、共板フランジ工法など）、ダクト区
　分（低圧など）ごとの板厚（0.5㎜、0.6㎜、0.8㎜、1.0㎜、1.2㎜）とする。

・低圧ダクトの市場単価にはインサートが含まれていないので注意する。

・低圧ダクトの市場単価には、厨房・浴室等の多湿箇所の排気ダクトに必要となる
　シールが含まれていないので注意する。

・高圧ダクト区分のダクトは複合単価（アングル工法ダクト）を使用するので注意
　する。

スパイラルダクト
鋼板製ダクト
吹出口
吸込口
風量調節ダンパー
防火ダンパー
防火防煙ダンパー
ピストンダンパー
逆流防止ダンパー
ベントキャップ

　　1．空気調和設備　1-2　ダクト設備の当該事項による。

2-2-2
排気フード

　　設計数量（個）　×　複合単価

○材質、形状、寸法ごとに記載する。

・「材質」は（ステンレス鋼板製）、「形状」は（一重形、二重形、フード囲い
　（有・無）など）、「寸法」はL（長さ）×W（幅）×H（高さ）（㎜）とする。

・材質を指定された場合には「材質」（SUS430、SUS304など）を記載する。

2-2-3
グリス除去装置

　　設計数量（個）　×　複合単価

○形状、寸法ごとに記載する。

・「形状」は、種類（グリスエクストラクター、グリスフィルター）、形状（両面
　式、片面式）、「寸法」はL（長さ）×H（高さ）（㎜）を記載する。

244

Ⅰ　庁舎　2．換気設備

2-2-4
チャンバー類

1式 （別紙明細）
・チャンバー類を1式で記載する。

別紙明細
・チャンバーを展開し、鋼製部材（チャンバー（鉄板）、消音内貼り、塗装、点検口、インサートなど）ごとに記載する。
・チャンバー（鉄板）は、板厚ごとに記載する。
・チャンバーの市場単価にはインサートが含まれていないので注意する。
・チャンバーの市場単価には、厨房・浴室等の多湿箇所の排気ダクトに必要となるシールが含まれないので注意する。
・保温は、ダクトの種類（長方形ダクト）、保温の種類（グラスウール、ロックウール）、施工箇所（屋内露出、機械室、天井内など）、保温厚さごとに記載する。
・消音内貼りは、材質（グラスウール、ロックウール）、用途（消音チャンバーなど）ごとに記載する。
・点検口はサイズごとに記載する。
・チャンバーごとの複合単価としてもよい。

2-2-5
制気口ボックス類

1式 （別紙明細）
・制気口ボックス類を1式で記載する。

別紙明細
・記載方法は、「2-2-4　チャンバー類」による。
・既製品ボックス類は、規格（ネック寸法、吹出口長辺寸法など）、ボックス寸法ごとに区分して個数で記載する。

風量測定口
たわみ継手
保温
塗装

1．空気調和設備　1-2　ダクト設備の当該事項による。

※あと施工アンカー
※ダクト分岐・閉塞
※取外し再取付け
※清掃・洗浄等
※直接仮設
※☆撤去

1．空気調和設備　1-2　ダクト設備の当該事項による。

245

公共建築工事内訳書標準書式（設備工事編）の解説（機械設備）

2-3
総合調整
　2-3-1
　　総合調整費

　　　1式　（別紙明細）

・工事完成前に行う換気設備の総合調整（風量調整など）を1式で記載する。

　別紙明細

・換気設備のダクトの種類ごとに記載する。

・ダクトは、長方形ダクトは面積（m²）、スパイラルダクトは長さ（m）とする。

※改修工事における総合調整の範囲は、設計図書に記載されたダクトとする。

ダクト系統　　　　　長方形ダクト面積(m²) × 複合単価

　　　　　　　　　　円形ダクト長さ(m) × 複合単価

246

Ⅰ 庁舎 3．排煙設備

3．排煙設備

3-1
機器設備
　3-1-1
　排煙機

設計数量（台） × 機器単価

○記号（FSM）、仕様ごとに記載する。

・「仕様」は、形式（遠心式、軸流式など）、風量（m³／h）とする。

　搬入・据付費
　機器用基礎

｝1．空気調和設備　1-1　機器設備の当該事項による。

　※取外し再取付け
　※はつり補修
　※直接仮設
※☆撤去

｝1．空気調和設備　1-1　機器設備の当該事項による。

3-2
ダクト設備
　3-2-1
　長方形ダクト

設計数量（m²） × 市場単価

○板厚ごとに記載する。

・「板厚」は、工法（アングルフランジ工法）、ダクト区分（高圧1、高圧2など）
　ごとの板厚（㎜）とする。

・排煙ダクトの市場単価にはインサートが含まれていないので注意する。

　3-2-2
　円形ダクト

設計数量（m） × 複合単価

○口径ごとに記載する。

　3-2-3
　排煙口

設計数量（個） × 複合単価

○寸法ごとに記載する。

・「寸法」は、形式（パネル形、スリット形、ダンパー形など）ごとの寸法　W
　（幅）×H（高さ）（㎜）とする。

公共建築工事内訳書標準書式（設備工事編）の解説（機械設備）

3-2-4
給気口

$\boxed{設計数量（個）} \times \boxed{複合単価}$

○寸法ごとに記載する。

・「寸法」は、W（幅）×H（高さ）（㎜）とする。

鋼板製ダクト
防火ダンパー
チャンバー類
保温
塗装
架台類

1．空気調和設備　1-2　ダクト設備の当該事項による。

※あと施工アンカー
※ダクト分岐・閉塞
※取外し再取付け
※清掃・洗浄等
※直接仮設
※☆撤去

1．空気調和設備　1-2　ダクト設備の当該事項による。

3-3
総合調整
　3-3-1
　　総合調整費

$\boxed{1 式}$（別紙明細）

・工事完成前に行う排煙設備の総合調整（風量調整など）を1式で記載する。

別紙明細

・排煙設備のダクトの種類ごとに記載する。

・ダクトは、長方形ダクトは面積（m²）、円形ダクトは長さ（m）とする。

※改修工事における総合調整の範囲は、設計図書に記載されたダクトとする。

ダクト系統　　　　　$\boxed{長方形ダクト面積（m^2）} \times \boxed{複合単価}$

　　　　　　　　　　$\boxed{円形ダクト長さ（個）} \times \boxed{複合単価}$

248

4．自動制御設備

一般事項
・自動制御システムの製造及び施工実績を有する専門工事業者の見積りによる例を示す。

**4-1
自動制御機器**

| 1式 |

・自動制御機器を1式で記載する。

**4-2
中央監視制御装置**

| 1式 |

・中央監視制御装置を1式で記載する。

**4-3
自動制御盤**

| 1式 |

・自動制御盤類を1式で記載する。

**4-4
計装工事**

| 1式 |

・計装工事を1式で記載する。

**4-5
エンジニアリング費**

| 1式 |

・エンジニアリング費を1式で記載する。

**4-6
調整費**

| 1式 |

・試験調整、総合調整等の調整費を1式で記載する。

**4-7
諸経費**

| 1式 |

・諸経費は、製造業者又は専門工事業者の必要経費であり法定福利費を含んだものとし、1式で記載する。

公共建築工事内訳書標準書式（設備工事編）の解説（機械設備）

5．衛生器具設備

一般事項

1．衛生器具は、本体及び水栓、止水栓、排水トラップ等の付属金具又は付属品を含むものとする。

5-1
大便器

$\boxed{設計数量（組）} \times \boxed{複合単価}$

○記号ごとに記載する。

・「記号」は、JIS記号等とする。

・洗浄方法は洗浄弁方式又はタンク式とする。洗浄弁方式の場合は操作方法（電気開閉式（センサー式、タッチスイッチ式）、手動式）を記載する。

・便座を普通便座とする場合は記載する。

5-2
高座面形大便器

$\boxed{設計数量（組）} \times \boxed{複合単価}$

○記号ごとに記載する。

・「記号」は、JIS記号等とする。

・洗浄方式（洗浄弁方式（電気開閉式（センサー式、タッチスイッチ式）））、タンク方式）を記載する。

・便座を普通便座とする場合は記載する。

5-3
小便器

$\boxed{設計数量（組）} \times \boxed{複合単価}$

○記号ごとに記載する。

・「記号」は、JIS記号等とする。

・節水装置の形式（小便器一体型、小便器分離型）を記載する。

5-4
洗面器

$\boxed{設計数量（組）} \times \boxed{複合単価}$

○記号ごとに記載する。

・「記号」は、JIS記号等とする。

・自動水栓の種類（単水栓、混合水栓）を記載する。

5-5
身体障害者用洗面器

$\boxed{設計数量（組）} \times \boxed{複合単価}$

○記号ごとに記載する。

・「記号」は、JIS記号等とする。

Ⅰ　庁舎　5．衛生器具設備

・自動水栓の種類（単水栓、混合水栓）を記載する。

5-6
手洗器

設計数量（組）　×　複合単価

○記号ごとに記載する。

・「記号」は、JIS 記号等とする。

5-7
掃除流し

設計数量（組）　×　複合単価

○記号ごとに記載する。

・「記号」は、JIS 記号等とする。

5-8
鏡

設計数量（枚）　×　複合単価

○寸法ごとに記載する。

・「寸法」は、W（幅）×H（高さ）（㎜）とする。

5-9
化粧棚

設計数量（個）　×　複合単価

○寸法ごとに記載する。

・「寸法」は、W（幅）×H（高さ）（㎜）とする。

・材質（金属製、陶器製など）を記載する。

5-10
水石けん入れ

設計数量（個）　×　複合単価

○形式ごとに記載する。

・「型式」は、（手洗器一体型、手洗器分離型など）とする。

5-11
洗濯機パン

設計数量（個）　×　複合単価

・寸法ごとに記載する。

・「寸法」は、W（幅）×D（奥行）（㎜）及びトラップ仕様（縦、横）とする。

（衛生器具
　　ユニット）
5-12
大便器ユニット

設計数量（組）　×　機器単価

○仕様ごとに記載する。

251

公共建築工事内訳書標準書式（設備工事編）の解説（機械設備）

・「仕様」は、組数、ケーシング長さ（㎜）、ケーシングの仕様（塩ビ鋼板製など）、大便器の種類（壁掛形など）、洗浄弁の操作方式、配管の材質とする。
・機器単価を専門工事業者等の見積りによる場合は、搬入・据付等を含んだものとしてもよい。

5-13
小便器ユニット

$\boxed{\text{設計数量（組）}} \times \boxed{\text{機器単価}}$

○仕様ごとに記載する。
・「仕様」は、組数、ケーシング長さ（㎜）、ケーシングの仕様（塩ビ鋼板製など）、小便器の種類（壁掛形）、節水装置の形式、配管の材質とする。
・機器単価を専門工事業者等の見積りによる場合は、搬入・据付等を含んだものとしてもよい。

5-14
洗面器ユニット

$\boxed{\text{設計数量（組）}} \times \boxed{\text{機器単価}}$

○仕様ごとに記載する。
・「仕様」は、組数、ケーシング長さ（㎜）、ケーシングの仕様（塩ビ鋼板製など）、洗面器の形式、水栓の種類・電源種別、配管の材質等とする。
・「洗面器の形式」は、（カウンター式、アンダーカウンター式、壁掛式、型番など）を記載する。
・「自動水栓の種類」は、（単水栓、混合水栓）を記載する。
・機器単価を専門工事業者等の見積りによる場合は、搬入・据付等を含んだものとしてもよい。

5-15
壁掛形汚物流しユニット

$\boxed{\text{設計数量（組）}} \times \boxed{\text{機器単価}}$

○仕様ごとに記載する。
・「仕様」は、ケーシング長さ（㎜）、ケーシングの仕様（塩ビ鋼板製など）、洗浄方式、給湯方式、配管の材質とする。
・「洗浄方式」は、（ロータンク方式、洗浄弁方式）を記載する。
・「給湯方式」は、（電気温水器付、中央式など）を記載する。
・汚物流しの種類、シャワー水栓の種類等の特記に注意する。
・機器単価を専門工事業者等の見積りによる場合は、搬入・据付等を含んだものとしてもよい。

5-16
浴室ユニット

$\boxed{\text{設計数量（組）}} \times \boxed{\text{機器単価}}$

○仕様ごとに記載する。

252

Ｉ　庁舎　5．衛生器具設備

・「仕様」は、ユニットの仕様とする。
・「ユニットの仕様」は、（寸法、材質、扉の形式（引戸、折戸、開戸））を記載する。
・浴槽の高断熱性能の（有・無）、ふたの（有・無）、洗い場・浴槽用水栓の仕様等特記に注意する。
・機器単価を専門工事業者等の見積りによる場合は、搬入・据付等を含んだものとしてもよい。

※取外し再取付け
※はつり補修
※直接仮設
※☆撤去

1．空気調和設備　1-1　機器設備の当該事項による。

公共建築工事内訳書標準書式（設備工事編）の解説（機械設備）

6．給水設備

6-1
給水設備
**　　一般事項**

1．受水タンク、高置タンク、揚水ポンプ等の機器には、標準仕様書（機械）による付属品等を含むものとする。

6-1-1
受水タンク

設計数量(基) × 機器単価

○記号（TW）、仕様ごとに記載する。

・「仕様」は、材質（FRP 製、鋼板製、ステンレス製）、形式（一体形タンク、パネル形タンク）、設計用水平震度、容量（L）等とする。

6-1-2
高置タンク

設計数量(基) × 機器単価

○記号（TWH）、仕様ごとに記載する。

・「仕様」は、材質（FRP 製、鋼板製、ステンレス製）、形式（一体形タンク、パネル形タンク）、設計用水平震度、容量（L）等とする。

6-1-3
揚水ポンプ

設計数量(台) × 機器単価

○記号（PW）、仕様ごとに記載する。

・「仕様」は、形式（横形、立形など）、吐出量（L／min）、揚程（m）とする。

・ケーシングがステンレス製の場合は「ステンレス製」と記載する。

・防振架台付の場合は、「防振架台付」と記載する。

6-1-4
小形給水
**　　ポンプユニット**

設計数量(台) × 機器単価

○記号（PU）、仕様ごとに記載する。

・「仕様」は、ポンプ台数、制御方式（吐出し圧力一定制御、末端圧力推定制御）、運転方式（自動並列交互、自動並列ローテーション）、ユニット給水量（L／min）、揚程（m）とする。

・防振架台付の場合は、「防振架台付」と記載する。

6-1-5
給水管

設計数量(m) × 複合単価

○管種、接合方法、呼び径、区分ごとに記載する。

・「管種」は、（一般配管用ステンレス鋼鋼管、水道用硬質塩化ビニルライニング

254

Ⅰ　庁舎　6．給水設備　6-1　給水設備

鋼管、水道用ポリエチレン粉体ライニング鋼管など）とする。

・「接合方法」は、（ねじ、フランジなど）とする。

・「区分」は施工箇所とし、（屋内一般、機械室・便所、架空）とする。

※改修工事の配管の複合単価には、はつり補修を含まない単価を使用するので注意する。

6-1-6
仕切弁
バタフライ弁
逆止弁

$\boxed{設計数量（個）} \times \boxed{複合単価}$

○材質、接合方法、耐圧、呼び径ごとに記載する。

・「材質」は、（青銅製、鋳鉄製、ステンレス製など）とする。

・「接合方法」は、（ねじ込み形、フランジ形、ウェハー形など）とする。

・「耐圧」は、JIS 規格又は JV 規格による（5 K、10 K、16 K、20 K）とする。

・鋳鉄製の弁はライニング弁、塩ビライニング鋼管及びポリ粉体鋼管に取り付けるねじ込み式の弁は管端防食ねじ込み弁（給水用）となるので注意する。

6-1-7
水栓

$\boxed{設計数量（個）} \times \boxed{複合単価}$

○種類、呼び径ごとに記載する。

・「種類」は、（F 1、F 2 A、F 2 B、F 4 など）とする。

6-1-8
定水位調整弁

$\boxed{設計数量（組）} \times \boxed{複合単価}$

○呼び径ごとに記載する。

6-1-9
ボールタップ

$\boxed{設計数量（個）} \times \boxed{複合単価}$

○呼び径ごとに記載する。

6-1-10
電極棒

$\boxed{設計数量（組）} \times \boxed{複合単価}$

○極数ごとに記載する。

6-1-11
量水器

$\boxed{設計数量（個）} \times \boxed{複合単価}$

○方式、呼び径ごとに記載する。

・「方式」は、（パルス式、直続式）とする。

公共建築工事内訳書標準書式（設備工事編）の解説（機械設備）

6-1-12
弁装置

$\boxed{設計数量（組）} \times \boxed{複合単価}$

○用途、呼び径ごとに記載する。

・制御弁の種類（電磁弁など）ごとに区分して記載する。

・「用途」は、給水用とする。

・「呼び径」は、主管の呼び径（A）×制御弁の呼び径（A）とする。

6-1-13
フレキシブルジョイント

$\boxed{設計数量（個）} \times \boxed{複合単価}$

○材質、呼び径ごとに記載する。

・「材質」は、（ステンレス製（ベローズ形）、合成ゴム製）とする。

・接続する機器又は配管用途等による材質の区分に注意する。

6-1-14
文字標識等

$\boxed{1 式}$（別紙明細）

・機器の名称・記号の表示、配管の用途・流れの方向等の表示、弁の開閉の表示等の文字標識等を1式で記載する。

別紙明細

・文字標識等は、建物の延べ面積（m^2）による。

・給排水衛生工事（ガス工事を含む）における文字標識等は、給排水衛生設備工事の主な科目又は中科目に給排水衛生工事分を一括で記載する。

※改修工事に用いる建物の延べ面積（m^2）は、改修工事の内容・範囲等を考慮するものとする。

文字標識等	建物の延べ面積（m^2）に応じた複合単価

防振継手
保温
塗装
搬入・据付費
機器用基礎
架台類
形鋼振れ止め支持

1．空気調和設備　1-1　機器設備、1-3　配管設備の当該事項による。

6-1-15
スリーブ

$\boxed{1 式}$（別紙明細）

・配管類のスリーブを1式で記載する。

256

I　庁舎　6．給水設備　6-2　仮設工事

別紙明細

・スリーブは、配管工事の工事費に対する率（給排水衛生設備の率）で計算する。なお、鉄筋コンクリート造、鉄骨鉄筋コンクリート造により率が異なるので注意する。

※改修工事におけるスリーブは、はつり補修費として別計上するので記載しない。

6-1-16
デッキプレート開口切断

1式 （別紙明細）

・躯体にデッキプレートを使用している場合は、配管類のためのデッキプレート開口切断を1式で記載する。

別紙明細

・デッキプレート開口切断は、配管工事の工事費に対する率（給排水衛生設備工事の率）で計算する。

※改修工事におけるデッキプレート開口切断は、はつり補修費として別計上するので記載しない。

※あと施工アンカー
※配管分岐・閉塞
※取外し再取付け
※清掃・洗浄等
※直接仮設
※はつり補修
※☆撤去

1．空気調和設備　1-1　機器設備、1-3　配管設備の当該事項による。

6-2
仮設工事
**　一般事項**

1．新設工事及び改修工事において、設計図書に明示された場合に記載する。

2．仮設工事は、再利用品の使用の可否、仮設使用期間、撤去後の処理等を設計図書等にて確認する。

3．新設部分の仕様と異なる仕様の材料・工法を指定される場合があるので注意する。

4．他の設備において仮設工事がある場合には本項目に準じて記載する。

給水管
仕切弁

「6-1-5　給水管」、「6-1-6　仕切弁」による。

257

公共建築工事内訳書標準書式（設備工事編）の解説（機械設備）

保温
塗装

｝ 1．空気調和設備　1-3　配管設備の当該事項による。

搬入・据付費
機器用基礎

｝ 1．空気調和設備　1-1　機器設備の当該事項による。

※あと施工アンカー
※配管分岐・閉塞
※はつり補修
※☆撤去

｝ 1．空気調和設備　1-1　機器設備、1-3　配管設備の当該事項による。

I 庁舎 7. 排水設備

７．排水設備

一般事項　　　１．ポンプ等の機器には、標準仕様書（機械）による付属品等を含むものとする。

7-1
汚物用水中ポンプ
汚水用水中ポンプ
雑排水用水中ポンプ

設計数量(台) × 機器単価

○記号（PD）、仕様ごとに記載する。

・「仕様」は、形式（油封式、乾式など）、吐出量（L/min）、揚程（m）とする。

・着脱装置付の場合は、「着脱式」を記載する。

・ケーシングがステンレス製の場合は「ステンレス製」と記載する。

7-2
グリース阻集器
オイル阻集器

設計数量(個) × 複合単価

○記号（GT、例：OT）、仕様ごとに記載する。

・「仕様」は、材質（ステンレス製、FRP製、コンクリート製）、形式（側溝式、配管式）、許容流入量（L）とする。

7-3
汚水管
雑排水管
通気管

設計数量(m) × 複合単価

○管種、接合方法、呼び径、区分ごとに記載する。

・用途（汚水管、雑排水管、通気管など）ごとに区分して記載する。

・「管種」は、（配管用炭素鋼鋼管（白）、排水用硬質塩化ビニルライニング鋼管、排水用ノンタールエポキシ塗料鋼管、硬質ポリ塩化ビニル管など）とする。

・「接合方法」は、（ねじ、可とう継手など）とする。

・「区分」は施工箇所とし、（屋内一般、機械室・便所、架空）とする。

※改修工事の配管の複合単価には、はつり補修を含まない単価を使用するので注意する。

7-4
満水試験継手

設計数量(個) × 複合単価

○呼び径ごとに記載する。

7-5
床上掃除口

設計数量(個) × 複合単価

○記号、呼び径ごとに記載する。

・「記号」は、（COA、COBなど）とする。

259

公共建築工事内訳書標準書式（設備工事編）の解説（機械設備）

7-6
排水金物

$\boxed{設計数量（個）} \times \boxed{複合単価}$

○記号、呼び径ごとに記載する。

・「記号」は、（T3A、T16A、SNA、Dなど）とする。

7-7
通気金具

$\boxed{設計数量（個）} \times \boxed{複合単価}$

○記号ごとに記載する。

・「記号」は、（VA2など）とする。

仕切弁
逆止弁
保温
塗装
搬入・据付費
架台類
形鋼振れ止め支持

1．空気調和設備　1-1　機器設備、1-3　配管設備の当該事項による。

スリーブ
デッキプレート開口
切断

6．給水設備の当該事項による。

※あと施工アンカー
※配管分岐・閉塞
※取外し再取付け
※清掃・洗浄等
※直接仮設
※はつり補修
※☆撤去

1．空気調和設備　1-1　機器設備、1-3　配管設備の当該事項による。

I　庁舎　8．給湯設備

8．給湯設備

一般事項

1．ボイラー、ポンプ、タンク、湯沸器等の機器には、標準仕様書（機械）による付属品等を含むものとする。

**8-1
給湯ボイラー**

設計数量(基) × 機器単価

○記号（BH）、仕様ごとに記載する。

・「仕様」は、形式（立形、横形など）、定格出力（kW）、貯湯量（L）とする。

**8-2
真空式温水発生機**

設計数量(基) × 機器単価

○記号（BHW）、仕様ごとに記載する。

・「仕様」は、型式（鋼板製、鋳鉄製）、用途（給湯用など）、定格出力（kW）とする。

**8-3
無圧式温水発生機**

設計数量(基) × 機器単価

○記号（BHW）、仕様ごとに記載する。

・「仕様」は、型式（鋼板製、鋳鉄製）、用途（給湯用など）、定格出力（kW）を記載する。

**8-4
温水循環ポンプ**

設計数量(台) × 機器単価

○記号（PHW）、仕様ごとに記載する。

・「仕様」は、循環水量（L／min）とする。

**8-5
貯湯タンク**

設計数量(基) × 機器単価

○記号（THW、TVW）、仕様ごとに記載する。

・「仕様」は、形式（立形、横形など）、材質（ステンレス鋼板製など）、容量（L）とする。

**8-6
給湯用膨張・補給水
タンク**

設計数量(基) × 機器単価

○記号（TWR）、仕様ごとに記載する。

・「仕様」は、容量（L）、材質（鋼板製、ステンレス鋼板製）とする。

261

公共建築工事内訳書標準書式（設備工事編）の解説（機械設備）

・壁掛け型又は架台寸法が標準図と大幅に異なる場合は架台の形状又は寸法を記載する。

・標準図（機械）を適用する場合は記号（例：TE-1000）を併記する。

8-7
給湯用密閉形
隔膜式膨張タンク

設計数量(基) × 機器単価

○記号（TEX）、仕様ごとに記載する。

・「仕様」は、形式（ダイヤフラム式、ブラダー式）、材質（鋼板製、ステンレス鋼板製）、全容量（L）、最大吸収量（L）とする。

8-8
貯湯式電気温水器

設計数量(台) × 機器単価

○記号（WHE）、仕様ごとに記載する。

・「仕様」は、形式（置台形、台下形、壁掛形など）、仕様（元止め式、先止め式）、用途（飲用、洗物用）、容量（L）とする。

8-9
給湯管

設計数量(m) × 複合単価

○管種、接合方法、呼び径、区分ごとに記載する。

・「管種」は、（一般配管用ステンレス鋼鋼管、水道用耐熱性硬質塩化ビニルライニング鋼管、銅管など）とする。

・「接合方法」は、（ねじ、フランジなど）とする。

・「区分」は施工箇所とし、（屋内一般、機械室・便所、架空）とする。

※改修工事の配管の複合単価には、はつり補修を含まない単価を使用するので注意する。

8-10
仕切弁
逆止弁

設計数量(個) × 複合単価

○材質、接合方法、耐圧、呼び径ごとに記載する。

・「材質」は、（青銅製、鋳鉄製、ステンレス製など）とする。

・「接合方法」は、（ねじ込み形、フランジ形など）とする。

・「耐圧」は、JIS規格又はJV規格による（5K、10K、16K、20K）とする。

・塩ビライニング鋼管及びポリ粉体鋼管に取り付けるねじ込み式の弁は管端防食ねじ込み弁（給湯用）となるので注意する。

262

I　庁舎　8．給湯設備

水栓
フレキシブルジョイント
スリーブ
デッキプレート開口
切断

　6．給水設備の当該事項による。

煙道
伸縮管継手
防振継手
保温
塗装
搬入・据付費
機器用基礎
架台類
形鋼振れ止め支持

1．空気調和設備　1-1　機器設備、1-3　配管設備の当該事項による。

※あと施工アンカー
※配管分岐・閉塞
※取外し再取付け
※清掃・洗浄等
※直接仮設
※はつり補修
※☆撤去

1．空気調和設備　1-1　機器設備、1-3　配管設備の当該事項による。

263

公共建築工事内訳書標準書式（設備工事編）の解説（機械設備）

９．消火設備

一般事項

1．消火ポンプユニット、消火用充水タンク等の機器には、標準仕様書（機械）による付属品等を含むものとする。

9-1
屋内消火栓設備

9-1-1
消火ポンプユニット

設計数量（台）× 機器単価

○記号（PFU）、仕様ごとに記載する。

・「仕様」は、吐出量（L／min）、揚程（m）とする。

・ケーシングがステンレス製の場合は「ステンレス製」と記載する。

9-1-2
消火用充水タンク

設計数量（基）× 機器単価

○記号（TF）、仕様ごとに記載する。

・「仕様」は、容量（L）、材質（鋼板製、ステンレス鋼板製）とする。

・標準図（機械）を適用する場合は記号（例：TF-200）を併記する。

9-1-3
屋内消火栓箱

設計数量（組）× 機器単価

○記号、仕様ごとに記載する。

・「記号」は、（HB-1A、HB-1B など）とする。

・「仕様」は、連結送水管放水口の併設（有・無）、消火器箱併設（有・無）、減圧機構（付・無）、鋼板製以外の材質を指定された場合は材質（ステンレス製など）とする。

9-1-4
消火管

設計数量（m）× 複合単価

○管種、接合方法、呼び径、区分ごとに記載する。

・「管種」は、（一般配管用ステンレス鋼鋼管、配管用炭素鋼鋼管（白）、圧力配管用炭素鋼鋼管（STPG370、SCH40）など）とする。

・「接合方法」は、（ねじ、フランジ、溶接など）とする。

・「区分」は施工箇所とし、（屋内一般、機械室・便所、架空）とする。

※改修工事の配管の複合単価には、はつり補修を含まない単価を使用するので注意する。

264

Ⅰ　庁舎　9．消火設備

9-1-5
テスト弁

　設計数量（個）　×　複合単価

○呼び径ごとに記載する。

フレキシブルジョイント
ボールタップ
電極棒
スリーブ
デッキプレート開
口切断

　6．給水設備の当該事項による。

仕切弁
逆止弁
塗装
搬入・据付費
機器用基礎
架台類
形鋼振れ止め支持

　1．空気調和設備　1-1　機器設備、1-3　配管設備の当該事項による。

※あと施工アンカー
※配管分岐・閉塞
※取外し再取付け
※清掃・洗浄等
※直接仮設
※はつり補修
※☆撤去

　1．空気調和設備　1-1　機器設備、1-3　配管設備の当該事項による。

9-2
連結送水管

9-2-1
放水用器具格納箱

　設計数量（組）　×　複合単価

○記号、仕様ごとに記載する。

・「記号」は、（HB-11A、HB-11B など）とする。

・「仕様」は、鋼板製以外の材質が指定された場合は材質（ステンレス製など）とする。

9-2-2
放水口格納箱

　設計数量（組）　×　複合単価

○記号、仕様ごとに記載する。

・「記号」は、（HB-12A、HB-12B）とする。

・「仕様」は、鋼板製以外の材質が指定された場合は材質（ステンレス製など）とする。

265

公共建築工事内訳書標準書式（設備工事編）の解説（機械設備）

9-2-3
送水口

$\boxed{\text{設計数量（個）}} \times \boxed{\text{複合単価}}$

○形式、材質ごとに記載する。
・「形式」は、（埋込形、スタンド形、双口形、単口形など）とする。
・「材質」は、（ステンレス製、青銅製など）とする。

9-2-4
放水口

$\boxed{\text{設計数量（個）}} \times \boxed{\text{複合単価}}$

○呼称、材質ごとに記載する。
・「呼称」は、（65、50）とする。
・「材質」は、（青銅製、ステンレス鋳物製）とする。

9-2-5
送水管

$\boxed{\text{設計数量（m）}} \times \boxed{\text{複合単価}}$

○管種、接合方法、呼び径、区分ごとに記載する。
・「管種」は、（一般配管用ステンレス鋼鋼管、配管用炭素鋼鋼管（白）、圧力配管用炭素鋼鋼管（STPG370、SCH40）など）とする。
・「接合方法」は、（ねじ、フランジ、溶接など）とする。
・「区分」は施工箇所とし、（屋内一般、機械室・便所、架空）とする。
※改修工事の配管の複合単価には、はつり補修を含まない単価を使用するので注意する。

9-2-6
点検桝

$\boxed{\text{設計数量（組）}} \times \boxed{\text{複合単価}}$

○記号、形式ごとに記載する。
・「記号」は、（TC-1、TC-2）とする。
・「形式」は、（弁用、フレキシブルジョイント用など）とする。

9-2-7
表示板

$\boxed{\text{1式}}$（別紙明細）

・表示板を1式で記載する。

別紙明細
・表示板の種類ごとに記載する。

266

Ⅰ　庁舎　9．消火設備

仕切弁
逆止弁
塗装
架台類
形鋼振れ止め支持
｝　1．空気調和設備　1-3　配管設備の当該事項による。

フレキシブルジョイント
スリーブ
デッキプレート開
口切断
｝　6．給水設備の当該事項による。

※あと施工アンカー
※配管分岐・閉塞
※取外し再取付け
※清掃・洗浄等
※直接仮設
※はつり補修
※☆撤去
｝　1．空気調和設備　1-3　配管設備の当該事項による。

9-3
連結散水設備

9-3-1
送水口

設計数量（個）× 複合単価

○形式、材質ごとに記載する。

・「形式」は、（埋込形、スタンド形、双口形、単口形など）とする。

・「材質」は、（ステンレス製、青銅製など）とする。

9-3-2
散水ヘッド

設計数量（個）× 複合単価

○形式ごとに記載する。

・「形式」は、（開放形、閉鎖形）とする。

9-3-3
消火管

設計数量（m）× 複合単価

○管種、接合方法、呼び径、区分ごとに記載する。

・「管種」は、（一般配管用ステンレス鋼鋼管、配管用炭素鋼鋼管（白）、圧力配管
　用炭素鋼鋼管（STPG370、SCH40）など）とする。

・「接合方法」は、（ねじ、フランジ、溶接など）とする。

・「区分」は施工箇所とし、（屋内一般、機械室・便所、架空）とする。

※改修工事の配管の複合単価には、はつり補修を含まない単価を使用するので注意
　する。

267

公共建築工事内訳書標準書式（設備工事編）の解説（機械設備）

| 9-3-4
選択弁 | $\boxed{設計数量（個）} \times \boxed{複合単価}$
○呼び径ごとに記載する。 |

| 9-3-5
表示板 | $\boxed{1 式}$（別紙明細）
・表示板を1式で記載する。

別紙明細
・表示板の種類ごとに記載する。 |

| 仕切弁
塗装
架台類
形鋼振れ止め支持 | 1．空気調和設備　1-3　配管設備の当該事項による。 |

| スリーブ
デッキプレート開
口切断 | 6．給水設備の当該事項による。 |

| ※あと施工アンカー
※配管分岐・閉塞
※取外し再取付け
※清掃・洗浄等
※直接仮設
※はつり補修
※☆撤去 | 1．空気調和設備　1-3　配管設備の当該事項による。 |

| 9-4
スプリンクラー設備
一般事項 | 1．消火システムの製造及び施工実績を有する専門工事業者の見積りによる例を示す。 |

| 9-4-1
消火機器 | $\boxed{1 式}$
・消火ポンプユニット、スプリンクラーヘッド、流水検知装置、末端試験弁装置等の機器を1式で記載する。 |

268

Ⅰ　庁舎　9．消火設備

9-4-2
材料費

1式

・配管、継手、弁類、電線管、電線等の材料を1式で記載する。

9-4-3
労務費

1式

・機器取付費、配管施工費、基礎工事費等を1式で記載する。

9-4-4
運搬費

1式

・機器及び材料の運搬にかかる費用を1式で記載する。

9-4-5
試験調整費

1式

・試験調整に必要な費用及び消防検査立会試験費（必要な場合）を1式で記載する。

9-4-6
システム評価申請
手数料

1式

・システム評価申請に必要な費用（必要な場合）を1式で記載する。

9-4-7
諸経費

1式

・諸経費は、製造業者又は専門工事業者の必要経費であり法定福利費を含んだものとし、1式で記載する。

9-5
不活性ガス消火設備
一般事項

1．消火システムの製造及び施工実績を有する専門工事業者の見積りによる例を示す。

9-5-1
消火機器

1式

・不活性ガス設備を構成するガス容器、制御盤類、選択弁、噴射ヘッド等の機器を1式で記載する。

269

公共建築工事内訳書標準書式（設備工事編）の解説（機械設備）

9-5-2
材料費

1式

・配管、継手、弁類、電線管、電線等の材料を1式で記載する。

9-5-3
労務費

1式

・容器取付費、機器取付費、配管工事費等を1式で記載する。

9-5-4
運搬費

1式

・機器及び材料の運搬にかかる費用等を記載する。

9-5-5
試験調整費

1式

・試験調整に必要な費用及び消防検査立会試験費（必要な場合）を1式で記載する。

9-5-6
システム評価申請
手数料

1式

・システム評価申請に必要な費用（必要な場合）を1式で記載する。

9-5-7
諸経費

1式

・諸経費は、製造業者又は専門工事業者の必要経費であり法定福利費を含んだものとし、1式で記載する。

9-6
泡消火設備
一般事項

1．消火システムの製造及び施工実績を有する専門工事業者の見積りによる例を示す。

9-6-1
消火機器

1式

・泡消火設備を構成する消火ポンプユニット、感知ヘッド、泡ヘッド、泡原液タンク等の機器を1式で記載する。

270

I 庁舎 9. 消火設備

9-6-2
材料費

1式

・配管、継手、弁類、電線管、電線等の材料を1式で記載する。

9-6-3
労務費

1式

・機器取付費、配管工事費、保温防露工事費等を1式で記載する。

9-6-4
運搬費

1式

・機器及び材料の運搬にかかる費用等を1式で記載する。

9-6-5
試験調整費

1式

・試験調整に必要な費用及び消防検査立会試験費（必要な場合）を1式で記載する。

9-6-6
諸経費

1式

・諸経費は、製造業者又は専門工事業者の必要経費であり法定福利費を含んだものとし、1式で記載する。

公共建築工事内訳書標準書式（設備工事編）の解説（機械設備）

10．ガス設備

10-1
都市ガス設備
**　一般事項**

１．ガス事業者の見積りによる例を示す。

10-1-1
都市ガス設備

　　$\boxed{1\,式}$

・工事費を１式で記載する。

10-1-2
諸経費

　　$\boxed{1\,式}$

・諸経費は、製造業者又は専門工事業者の必要経費であり法定福利費を含んだものとし、１式で記載する。

スリーブ
デッキプレート開
口切断

６．給水設備の当該事項による。

10-2
液化石油ガス設備
10-2-1
**　液化石油ガス管**

　　$\boxed{設計数量（m）} \times \boxed{複合単価}$

○管種、接合方法、呼び径、区分ごとに記載する。
・「管種」は、（配管用炭素鋼鋼管（白）、ポリエチレン被覆鋼管、ガス用ポリエチレン管など）とする。
・「接合方法」は、（ねじ、フランジ、溶接など）とする。
・「区分」は施工箇所とし、（屋内一般、機械室・便所、架空）とする。
※改修工事の配管の複合単価には、はつり補修を含まない単価を使用するので注意する。

10-2-2
ガス栓・バルブ

　　$\boxed{設計数量（個）} \times \boxed{複合単価}$

○材質、接合方法、耐圧、呼び径ごとに記載する。
・「材質」は、種類（ヒューズガス栓、可とう管ガス栓、ねじガス栓、ボールバルブ、プラグバルブ、グローブバルブなど）ごとの材質（鋳鉄製、黄銅製、亜鉛合金製など）とする。
・「接合方法」は、（ねじ込み形、フランジ形など）とする。

272

I　庁舎 10. ガス設備

・「耐圧」は、バルブ類は（10K、20K）とする。

10-2-3
集合装置

$\boxed{設計数量（組）} \times \boxed{複合単価}$

○自動切替調整弁装置の仕様ごとに記載する。

・「自動切替調整弁装置の仕様」は、接続するボンベ本数とする。

・自動切替調整装置には、ホース、バルブ、ヘッダー、計器類、転倒防止金物を含むものとする。

10-2-4
感震センサー

$\boxed{設計数量（組）} \times \boxed{複合単価}$

・単独で設置する場合に記載する。

10-2-5
感震遮断弁

$\boxed{設計数量（組）} \times \boxed{複合単価}$

・呼び径ごとに記載する。

・単独で設置する場合に感震遮断弁と制御機器を1組として記載する。

10-2-6
ガス漏れ警報器

$\boxed{設計数量（組）} \times \boxed{複合単価}$

・形式ごとに記載する。

・「形式」は、（壁掛け型、天井直付型）とする。

10-2-7
圧力計

$\boxed{設計数量（個）} \times \boxed{複合単価}$

○形式ごとに記載する。

・「形式」は、（高圧、中圧、低圧）とする。

10-2-8
表識板

$\boxed{1式}$（別紙明細）

・表識板を1式で記載する。

別紙明細

・表識板の種類ごとに記載する。

273

公共建築工事内訳書標準書式（設備工事編）の解説（機械設備）

スリーブ デッキプレート開 口切断	｝6．給水設備の当該事項による。

10-2-9 塗装	1．空気調和設備　1-3　配管設備の当該事項による。

※あと施工アンカー ※配管分岐・閉塞 ※取外し再取付け ※清掃・洗浄等 ※直接仮設 ※はつり補修 ※☆撤去	｝1．空気調和設備　1-3　配管設備の当該事項による。

I　庁舎 11. 厨房機器設備

11. 厨房機器設備

| 一般事項 | 1．厨房機器には、標準仕様書（機械）による付属品等を含むものとする。 |

11-1
流し

$\boxed{設計数量（台）} \times \boxed{機器単価}$
○仕様、寸法ごとに記載する。
・「仕様」は、シンク数、「寸法」は、外形寸法 W（幅）×D（奥行）×H（高さ）（㎜）とする。

11-2
作業台

$\boxed{設計数量（台）} \times \boxed{機器単価}$
○寸法ごとに記載する。
・「寸法」は、外形寸法 W（幅）×D（奥行）×H（高さ）（㎜）とする。

11-3
戸棚

$\boxed{設計数量（台）} \times \boxed{機器単価}$
○寸法ごとに記載する。
・「寸法」は、外形寸法 W（幅）×D（奥行）×H（高さ）（㎜）、棚数とする。

11-4
棚

$\boxed{設計数量（台）} \times \boxed{機器単価}$
○仕様、寸法ごとに記載する。
・「仕様」は、段数、「寸法」は、外形寸法 W（幅）×D（奥行）×H（高さ）（㎜）とする。

11-5
電気レンジ

$\boxed{設計数量（台）} \times \boxed{機器単価}$
○仕様、寸法ごとに記載する。
・「仕様」は、ヒーター数、総合消費電力（kW）、「寸法」は外形寸法 W（幅）×D（奥行）×H（高さ）（㎜）とする。

11-6
ガステーブルレンジ

$\boxed{設計数量（台）} \times \boxed{機器単価}$
○仕様、寸法ごとに記載する。
・「仕様」は、バーナー、総合ガス消費量（kW）、「寸法」は、外形寸法 W（幅）×D（奥行）×H（高さ）（㎜）とする。

公共建築工事内訳書標準書式（設備工事編）の解説（機械設備）

11-7
電気テーブルレンジ

　$\boxed{設計数量（台）} \times \boxed{機器単価}$

○仕様、寸法ごとに記載する。

・「仕様」は、ヒーター数、総合消費電力（kW）、「寸法」は、外形寸法　W（幅）×D（奥行）×H（高さ）（㎜）とする。

11-8
揚物器（フライヤ）

　$\boxed{設計数量（台）} \times \boxed{機器単価}$

○仕様、寸法ごとに記載する。

・「仕様」は、槽数（1槽、2槽、連続など）、加熱方式（ガス式、電気式）、「寸法」は、外形寸法　W（幅）×D（奥行)×H（高さ）（㎜）とする。

11-9
炊飯器

　$\boxed{設計数量（台）} \times \boxed{機器単価}$

○仕様、寸法ごとに記載する。

・「仕様」は、加熱方式（ガス式、電気式）、段数、炊飯能力、「寸法」は、外形寸法　W（幅）×D（奥行）×H（高さ）（㎜）とする。

11-10
焼物器

　$\boxed{設計数量（台）} \times \boxed{機器単価}$

○仕様、寸法ごとに記載する。

・「仕様」は、形式（オーブン式、開放式）、加熱方式（ガス式、電気式）、「寸法」は、外形寸法　W（幅）×D（奥行）×H（高さ）（㎜）とする。

11-11
煮炊釜

　$\boxed{設計数量（台）} \times \boxed{機器単価}$

○仕様、寸法ごとに記載する。

・「仕様」は、釜仕様（鋳鉄製、ステンレス鋳鋼製、ステンレス鋼板製）、満水量（L）、加熱方式（ガス式、電気式）、「寸法」は、外形寸法　W（幅）×D（奥行）×H（高さ）（㎜）とする。

11-12
食器洗浄機

　$\boxed{設計数量（台）} \times \boxed{機器単価}$

○仕様、寸法ごとに記載する。

・「仕様」は、形式（ドアタイプ、アンダーカウンタータイプ、コンベアータイプ）、洗浄能力、加熱方式（ガス式、電気式）、「寸法」は、外形寸法　W（幅）×D（奥行）×H（高さ）（㎜）とする。

I　庁舎 11．厨房機器設備

11-13
冷蔵庫及び冷凍庫

$\boxed{設計数量（台）} \times \boxed{機器単価}$

○仕様、寸法ごとに記載する。

・「仕様」は、仕様（冷蔵庫、冷凍冷蔵庫、冷凍庫）、内容量（L）、「寸法」は、外形寸法 W（幅）×D（奥行）×H（高さ）（㎜）とする。

11-14
搬入・据付費

$\boxed{1式}$

・機器据付位置までの搬入費及び据付費を1式で記載する。

11-15
試験調整費

$\boxed{1式}$

・据付後の点火試験、出力調整を含む試験調整費を1式で記載する。

公共建築工事内訳書標準書式（設備工事編）の解説（機械設備）

12. 雨水利用設備

一般事項

1．専門工事業者の見積りによる例を示す。

12-1
機器・材料費

1式

・雨水利用設備を構成するポンプ、ろ過装置、消毒装置、制御装置等の機器及び配管、継手、弁等の材料を1式で記載する。

12-2
労務費

1式

・機器取付け費、配管工事費等を1式で記載する。

12-3
運搬費

1式

・機器及び材料の運搬にかかる費用等を1式で記載する。

12-4
試運転調整費

1式

・試運転調整に必要な費用を1式で記載する。

12-5
諸経費

1式

・諸経費は、製造業者又は専門工事業者の必要経費であり法定福利費を含んだものとし、1式で記載する。

I　庁舎 12. 雨水利用設備、13. 撤去工事

13.　撤去工事

一般事項

1．撤去工事は、設計図書の記載を確認し、各科目の細目に振り分けて記載しても よい。

2．再使用する機器等の取外し、再取付けは当該設備種目に記載する。

3．機器撤去に伴い回収された冷媒液、廃油、汚泥等及び機器・ダクト・配管の撤 去に伴い発生した、保温材、コンクリートがら等の処分は「14.　発生材処理」に よる。

13-1-1
※☆機器類撤去

[1式]（別紙明細）

・改修工事における機器の撤去費を1式で記載する。

別紙明細

・機器（器具）の撤去は、機器名称、記号、形式、定格出力ごとに記載する。

・機器撤去に伴う冷媒液、吸収液、廃油、汚泥等の抜取り等の回収作業は、機器 ごとに記載する。

・機器の保温の撤去は、機器ごとの保温面積を記載する。

・架台の撤去は、同一の架台ごとに個数を記載する。

吸収冷温水機（140kW 以下）　　[設計数量(基)] × [複合単価]
冷温水ポンプ（渦巻、片吸込、1.5kW 以下）
　　　　　　　　　　　　　　　[設計数量(台)] × [複合単価]

13-1-2
※☆機器搬出費

[1式]（別紙明細）

・改修工事における機器の搬出費を1式で記載する。

・機器搬出は、単独で質量100kg以上の機器類の撤去で、設置場所から現場敷地内 の仮置き場までの搬出に適用する。

・撤去の際に、溶断等にて分割した場合は分割後の質量が100kg以上の部材を対象 とする。

別紙明細

・搬出費は、機器ごとに記載する。記号、容積品又は重量品の補正率適用要件を 記載する。

・搬出が必要な機器の搬出費をまとめて記載してもよい。

279

公共建築工事内訳書標準書式（設備工事編）の解説（機械設備）

（機器ごとに搬出費の複合単価を作成した場合の例）

搬出費（タンク）

$\boxed{質量（t）} \times \boxed{複合単価 ［搬入基準単価(円／t)×容積品補正率］}$

搬出費（ポンプ）

$\boxed{質量（t）} \times \boxed{複合単価 ［搬入基準単価(円／t)×重量品補正率］}$

（搬出費をまとめて計算する例）

搬出費（一式）

$\boxed{\Sigma ［質量（t）×重量品又は容積品の補正率］} \times \boxed{搬入基準単価(円／t)}$

13-1-2
※☆ダクト類撤去

$\boxed{1 式}$（別紙明細）

・改修工事におけるダクトの撤去費を1式で記載する。

別紙明細

・ダクト、ダクト付属品、保温等に区分して記載する。

・ダクトの撤去は、種類、板厚（mm）または口径（mmφ）を記載する。

・制気口の撤去は、記号（C2、EAなど）、寸法ごとに記載する。

・ダンパー類の撤去は、記号（VD、FD、SFD、PD、CDなど）、寸法を記載する。

・ダクトの保温の撤去は、ダクトの種類、施工箇所ごとに面積を記載する。

・架台の撤去は、同一の架台ごとに個数を記載する。

長方形ダクト（0.5mm）	$\boxed{設計数量（m^2）}$ × $\boxed{複合単価}$
スパイラルダクト（200mmφ）	$\boxed{設計数量（m）}$ × $\boxed{複合単価}$
スパイラルダクト保温（機械室露出、200mmφ）	$\boxed{設計数量（m^2）}$ × $\boxed{複合単価}$
風量調整ダンパー（200×200）	$\boxed{設計数量（個）}$ × $\boxed{複合単価}$

13-1-3
※☆配管類撤去

$\boxed{1 式}$（別紙明細）

・改修工事における配管類の撤去費を1式で記載する。

別紙明細

・配管、配管付属品、保温等に区分して記載する。

・配管撤去は、用途、管種、呼び径、区分（屋内一般、機械室・便所、架空など）ごとに記載する。

280

Ⅰ　庁舎 13.　撤去工事

・弁類・継手類の撤去は、種類、呼び径ごとに記載する。

・配管の保温の撤去は、配管の用途（冷温水管、蒸気管、給水管、排水管、給湯
　管、消火管など）、施工箇所、呼び径を記載する。

・架台の撤去は、同一の架台ごとに個数を記載する。

鋼管（冷温水、80Ａ、機械室・便所）　設計数量(m)　×　複合単価

弁類（仕切弁、80Ａ）　設計数量(個)　×　複合単価

配管用保温（冷温水、機械室、80Ａ）　設計数量(m)　×　複合単価

13-1-4
※☆はつり補修

1式 （別紙明細）

・機器、ダクト類、配管類の撤去に伴うはつりがある場合ははつり補修費を1式で
　記載する。

・撤去工事に伴うはつり補修は、工法（手はつり、機械はつり）、はつりの種類
　（貫通口はつり、溝はつり、面はつり）、寸法ごとのか所数を記載する。

13-1-5
※☆洗浄・消毒

1式 （別紙明細）

・撤去に伴う既設機器、配管等の洗浄・消毒がある場合には洗浄・消毒費を1式で
　記載する。

別紙明細

・対象資機材、種類、洗浄・消毒方式ごとに記載する。

公共建築工事内訳書標準書式（設備工事編）の解説（機械設備）

14. 発生材処理

一般事項

・改修工事等で発生する産業廃棄物の搬出車輌への積込、場外搬出及び処分に要する費用を計上する。

・設計数量は、m³、t 等で記載する。ただし、少量の場合及び専門工事業者の見積りによる場合は1式で記載することができる。

14-1-1
※発生材積込

$\boxed{設計数量（m^3、 t）} \times \boxed{複合単価}$ 又は1式

○発生材の種類、積込方法ごとに記載する。

・「種類」は、（コンクリート、保温材など）とする。

・「積込方法」は、（人力、機械）とする。

| コンクリート（機械積込） | $\boxed{コンクリート（m^3）} \times \boxed{複合単価}$ |
| 保温材（人力積込） | $\boxed{保温材（m^3）} \times \boxed{複合単価}$ |

14-1-2
※発生材運搬

$\boxed{設計数量（m^3、 t）} \times \boxed{複合単価}$ 又は1式

○発生材の種類、運搬車の種別、積込方法、運搬距離ごとに記載する。

・「種類」は、（コンクリート、保温材など）とする。

・「運搬車の種別」は、（ダンプ車、コンテナ車、バキューム車など）とする。

・「運搬距離」は、搬出地から処分場（中間処分場含む）、再資源化施設（中間処理施設含む）等までの距離（km）とする。

14-1-3
※発生材処分

$\boxed{設計数量（m^3、 t）} \times \boxed{複合単価}$ 又は1式

○発生材の種類、運搬車の種別、処分場所ごとに記載する。

・「種類」は、（コンクリート、保温材など）とする。

・「処分場所」は、処分場（中間処分場含む）、再資源化施設（中間処理施設含む）等法令等に従い適切な場所とする。

282

Ⅰ　庁舎 14. 発生材処理、Ⅱ　屋外 1. 給水設備

Ⅱ　屋外

1．給水設備

1-1
給水管

設計数量（m） × 複合単価

○管種、接合方法、呼び径、区分ごとに記載する。

・「管種」は、（一般配管用ステンレス鋼鋼管、水道用硬質塩化ビニルライニング鋼管、水道用ポリエチレン粉体ライニング鋼管、水道用硬質塩化ビニル管、水道用ポリエチレン二層管など）とする。

・「接合方法」は、（ねじ、フランジ、溶接など）とする。

・「区分」は施工箇所とし、（土中、架空）とする。

1-2
弁類

設計数量（個） × 複合単価

○材質、接合方法、耐圧、呼び径ごとに記載する。

・呼称（仕切弁、玉形弁、逆止弁など）ごとに区分して記載する。

・「材質」は、（青銅製、鋳鉄製、ステンレス製など）とする。

・「接合方法」は、（ねじ込み形、フランジ形など）とする。

・「耐圧」は、JIS 規格又は JV 規格による（5 K、10K、16K、20K）とする。

1-3
量水器

設計数量（個） × 複合単価

○方式、呼び径ごとに記載する。

・「方式」は、種類（パルス式、直読式）とする。

1-4
桝類

設計数量（組） × 複合単価

○種類、深さ、ふたの種類ごとに記載する。

・「種類」は、記号（VC-P、VC-1、MC-1 など）、深さ（㎜）とする。

・「ふたの種類」は、標準図（機械）と違う仕様とする場合に記載する。

1-5
地中埋設標

設計数量（個） × 複合単価

○材質ごとに記載する。

・「材質」は、（コンクリート製、鉄製など）とする。

283

公共建築工事内訳書標準書式（設備工事編）の解説（機械設備）

1-6
埋設表示テープ

$設計数量（m）$ × $複合単価$

・埋設表示テープを記載する。

1-7
土工事

$1 式$ （別紙明細）

・根切り、埋戻し、建設発生土処理、砂利地業等に区分して1式で記載する。

別紙明細

・土工事は、人力作業又は機械作業等に区分して記載する。

・機械を使用する場合は、機械の運搬費、損料等を適切に計上する。

・建設発生土処理は構内敷ならしの場合に記載する。

根切り（機械）　　　　　　　　$計画数量（m^3）$ × $複合単価$

埋戻し（機械）　　　　　　　　$計画数量（m^3）$ × $複合単価$

建設発生土処理（機械）　　　　$計画数量（m^3）$ × $複合単価$

・建設発生土を構外搬出処理する場合は「14. 発生材処理」による。

砂利地業　　　　　　　　　　　$設計数量（m^3）$ × $複合単価$

・切込砕石、切込砂利等の地業を記載する。

土工機械運搬費　　　　　　　　$1 式$

1-8
水道本管引込工事

$1 式$

・水道本管からの分岐取出しから敷地内止水栓までに必要な工事費等を1式で記載する。

※配管分岐・閉塞
※はつり補修
※☆撤去

Ⅰ　庁舎　1. 空気調和設備　1-3　配管設備の当該事項による。

284

Ⅱ　屋外　2．排水設備

2．排水設備

2-1
排水管

$$\boxed{設計数量（m）} \times \boxed{複合単価}$$

○管種、呼び径、区分ごとに記載する。

・「管種」は、（硬質塩化ビニル管、コンクリート管など）とする。

・「区分」は施工箇所とし、（地中など）とする。

2-2
桝類

$$\boxed{設計数量（組）} \times \boxed{複合単価}$$

○種類、管底、ふたの種類ごとに記載する。

・「種類」は、記号（SA、SB、SC、RA、RB、RC、ST、R-ST など）とする。

・「ふたの種類」は、標準図（機械）と違う仕様とする場合にコンクリート桝は（MHA、MHB、MHD など）、プラスチック桝は（鋳鉄製防護ふたなど）と記載する。

※改修工事において、既設インバート桝への接続に伴うインバート改修が必要な場合は、インバート改修を記載する。また、既設コンクリート桝への接続は、インバート改修のほか、既設桝の穴あけ「手はつり（配管貫通口）」が必要となるので注意する。

土工事

Ⅱ　屋外　1．給水設備の当該事項による。

2-3
下水道本管接続費

$$\boxed{1 式}$$

・敷地内公設桝より下水道本管接続までに必要な工事費等を1式で記載する。

※あと施工アンカー
※清掃・洗浄等
※直接仮設
※はつり補修
※☆撤去

Ⅰ　庁舎　1．空気調和設備　1-3　配管設備の当該事項による。

公共建築工事内訳書標準書式（設備工事編）の解説（機械設備）

３．ガス設備

3-1
都市ガス設備
**　　一般事項**

１．ガス事業者の見積りによる例を示す。

3-1-1
都市ガス設備

$\boxed{1 式}$

・配管工事費、ガス栓、特別材料費、特別工事費、付帯工事、割増工事費、自動ガ
　ス遮断装置等の工事費を１式で記載する。

※改修工事の場合は上記のほか、撤去費、取外し再取付費、搬出費等を含むものと
　する。

3-1-2
諸経費

$\boxed{1 式}$

・諸経費は、製造業者又は専門工事業者の必要経費であり法定福利費を含んだもの
　とし、１式で記載する。

地中埋設標
埋設表示テープ
土工事

Ⅱ　屋外　１．給水設備の当該事項による。

3-2
液化石油ガス設備
3-2-1
液化石油ガス管

$\boxed{設計数量（m）} \times \boxed{複合単価}$

○管種、接合方法、呼び径、区分ごとに記載する。

・「管種」は、（配管用炭素鋼鋼管（白）、ポリエチレン被覆鋼管、ガス用ポリエチ
　レン管など）とする。

・「接合方法」は、（ねじ、フランジ、溶接など）とする。

・「区分」は施工箇所とし、（土中、架空）とする。

3-2-2
ガス栓・バルブ

$\boxed{設計数量（個）} \times \boxed{複合単価}$

○材質、接合方法、耐圧、呼び径ごとに記載する。

・「材質」は、種類（ボールバルブ、プラグバルブ、グローブバルブなど）ごとに
　区分し、材質（鋳鉄製、黄銅製、亜鉛合金製など）とする。

・「接合方法」は、（ねじ込み形、フランジ形など）とする。

286

II　屋外　3．ガス設備

・「耐圧」は、バルブ類は（10K、20K）とする。

3-2-3
塗装

$\boxed{1 式}$（別紙明細）

・塗装が必要な場合は1式で記載する。

別紙明細

・塗装及び防錆の種別、呼び径ごとに記載する。

地中埋設標
埋設表示テープ
土工事

II　屋外　1．給水設備の当該事項による。

※あと施工アンカー
※配管分岐・閉塞
※取外し再取付け
※清掃・洗浄等
※直接仮設
※はつり補修
※☆撤去

I　庁舎　1．空気調和設備　1-3　配管設備の当該事項による。

公共建築工事内訳書標準書式（設備工事編）の解説（機械設備）

４．浄化槽設備

一般事項　　　１．浄化槽製造者等の専門工事業者の見積りによる例を示す。

4-1
浄化槽

　浄化槽（基） × 機器単価

○仕様ごとに記載する。

・「仕様」は、処理対象人員、処理性能、処理方式（分離接触ばっ気、嫌気ろ床接触ばっ気など）とする。

4-2
土工事

　１式

・土工事にかかる費用を１式で記載する。

4-3
山留工事

　１式

・山留工事にかかる費用を１式で記載する。

4-4
コンクリート基礎

　１式

・コンクリート基礎工事にかかる費用を１式で記載する。

4-5
配管工事

　１式

・配管工事費を１式で記載する。

4-6
電気工事

　１式

・電気配管配線工事費を１式で記載する。

4-7
搬入・据付費

　１式

・搬入及び据付にかかる費用を１式で記載する。

4-8
試験調整費

　１式

288

Ⅱ　屋外　4．浄化槽設備

・設置完了後の水張り試験、配管試験、動作試験、通水試験及び総合試運転にかかる費用を1式で記載する。

4-9
諸経費

1式

・諸経費は、製造業者又は専門工事業者の必要経費であり法定福利費を含んだものとし、1式で記載する。

公共建築工事内訳書標準書式（設備工事編）の解説（機械設備）

5．撤去工事

一般事項

1．撤去工事は、設計図書の記載を確認し、各科目の細目に振り分けて記載しても
よい。
2．再使用する機器等の取外し、再取付けは当該設備種目に記載する。
3．機器の撤去に伴い回収された廃油、汚泥等及び機器、配管等の撤去に伴い発生
した保温材、コンクリートがら等の処分は「Ⅱ　屋外　6．発生材処理」によ
る。

5-1
※☆機器類撤去

1式 （別紙明細）

・改修工事における機器の撤去費を1式で記載する。

別紙明細

・機器（器具）の撤去は、機器名称、記号、形式、定格出力ごとに記載する。
・機器撤去に伴う廃油、汚泥等の抜取り等の回収作業は、機器ごとに記載する。
・機器の保温の撤去は、機器ごとの保温面積を記載する。
・架台の撤去は、同一の架台ごとに個数を記載する。

5-2
※☆配管類撤去

1式 （別紙明細）

・改修工事における配管類の撤去費を1式で記載する。

別紙明細

・配管、配管付属品、保温等に区分して記載する。
・配管撤去は、用途、管種、呼び径、区分（架空、土中など）ごとに記載する。
・弁類・継手類の撤去は、種類、呼び径ごとに記載する。
・配管の保温の撤去は、配管の用途（冷温水管、蒸気管、給水管、排水管、給湯
管、消火管など）、施工箇所、呼び径を記載する。
・桝類の撤去は、種類（MC-1、SB-1、RB-1など）、管底（mm）を記載する。
・架台の撤去は、同一の架台ごとに個数を記載する。

5-3
※☆はつり補修

1式 （別紙明細）

・機器、配管類の撤去に伴うはつりがある場合ははつり補修費を1式で記載する。
・撤去工事に伴うはつり補修は、工法（手はつり、機械はつり）、はつりの種類
（貫通口はつり、溝はつり、面はつり）、寸法ごとのか所数を記載する。

290

Ⅱ　屋外　5．撤去工事

5-4
※☆洗浄・消毒

1式 （別紙明細）

・撤去に伴う既設機器、配管等の洗浄・消毒がある場合には洗浄・消毒費を1式で記載する。

別紙明細
・対象資機材、種類、洗浄・消毒方式ごとに記載する。

公共建築工事内訳書標準書式（設備工事編）の解説（機械設備）

6．発生材処理

一般事項

・改修工事等で発生する産業廃棄物の搬出車輌への積込、場外搬出及び処分に要する費用を計上する。

・設計数量は、m^3、t等で記載する。ただし、少量の場合及び専門工事業者の見積りによる場合は1式で記載することができる。

6-1
※発生材積込

$\boxed{設計数量(m^3、\ t)} \times \boxed{複合単価}$ 又は1式

○発生材を種類、積込方法ごとに記載する。

・「種類」は、（コンクリート、保温材、建設発生土など）とする。

・「積込方法」は、（人力、機械）とする。

コンクリート（機械積込）	$\boxed{コンクリート(m^3)} \times \boxed{複合単価}$
保温材（人力積込）	$\boxed{保温材(m^3)} \times \boxed{複合単価}$
建設発生土（機械積込）	$\boxed{建設発生土(m^3)} \times \boxed{複合単価}$

6-2
※発生材運搬

$\boxed{設計数量(m^3、\ t)} \times \boxed{複合単価}$ 又は1式

○発生材の種類、運搬車の種別、積込方法、運搬距離等ごとに記載する。

・「種類」は、（コンクリート、保温材、建設発生土など）とする。

・「運搬車の種別」は、（ダンプ車、コンテナ車、バキューム車など）とする。

・「運搬距離」は、搬出地から処分場（中間処分場含む）、再資源化施設（中間処理施設含む）等までの距離（km）とする。

6-3
※発生材処分

$\boxed{設計数量(m^3、\ t)} \times \boxed{複合単価}$ 又は1式

○改修工事における発生材を種類、運搬車の種別、処分場所ごとに記載する。

・「種類」は、（コンクリート、保温材、建設発生土など）とする。

・「処分場所」は、処分場（中間処分場含む）、再資源化施設（中間処理施設含む）等法令等に従い適切な場所とする。

公共建築工事内訳書標準書式（設備工事編）の解説（機械設備）記載例

第2節 工事費内訳書記載例

明細書の記載例を示す。

備考欄に「◎別紙」と記載された細目は別紙明細書の記載例を掲載している。

直接工事費　細目別内訳

庁舎　　空気調和設備　　機器設備						
名　称	摘　要	数量	単位	単　価	金　額	備　考
吸収冷温水機	RH-1 冷凍能力 244kW　加熱能力 244kW	1	基	8,390,000	8,390,000	
冷却塔	CT-1 角形 455kW	1	基	1,345,000	1,345,000	
冷温水ポンプ	PCH-1 700 L/min　30.0m 防振架台付	1	台	275,000	275,000	
冷却水ポンプ	PCD-1 1,190 L/min　20.0m 防振架台付	1	台	275,000	275,000	
開放形膨張タンク	TE-1　容量100 L（TE-100）	1	基	267,000	267,000	
冷温水ヘッダー	HCHS-1 150mmφ　1,900mmL	1	基	218,000	218,000	
ユニット形空気調和機	ACU-1　横形 冷却能力 113.3kW　加熱能力 82.6kW 風量 19,500m³/h	1	台	2,980,000	2,980,000	
コンパクト形空気調和機	ACC-1 冷却能力 23.6kW　加熱能力 17.6kW 風量 5,580m³/h	1	台	2,610,000	2,610,000	
ファンコイルユニット	FCU-3　CK-2	10	台	111,000	1,110,000	
マルチパッケージ形空気調和機	ACP-1　屋外機 冷房能力 28.0kW　暖房能力 31.5kW	1	台	1,110,000	1,110,000	
マルチパッケージ形空気調和機	ACP-1-1　屋内機 CK-4 冷房能力 6.3kW　暖房能力 7.5kW	4	台	232,000	928,000	
マルチパッケージ形空気調和機	付属品	1	式		19,000	
電気集じん器	AFER-1　自動巻取形　横形 風量 19,500m³/h	1	台	1,030,000	1,030,000	
煙道		1	式		827,000	
保温		1	式		372,400	◎別紙00-0001
文字標識等		1	式		310,000	別紙00-0002
搬入・据付費		1	式		2,800,574	◎別紙00-0003
計					25,900,974	

293

公共建築工事内訳書標準書式（設備工事編）の解説（機械設備）記載例

直接工事費　細目別内訳

庁舎　空気調和設備　ダクト設備						
名　称	摘　要	数量	単位	単　価	金　額	備　考
長方形ダクト	アングルフランジ工法ダクト 低圧ダクト 0.5mm	318	m²	5,840	1,857,120	
長方形ダクト	アングルフランジ工法ダクト 低圧ダクト 0.6mm	134	m²	5,980	801,320	
長方形ダクト	アングルフランジ工法ダクト 低圧ダクト 0.8mm	149	m²	6,540	974,460	
スパイラルダクト	低圧ダクト 200mm	5	m	4,630	23,150	
スパイラルダクト	低圧ダクト 250mm	3	m	5,620	16,860	
鋼板製ダクト	1.6mm	16	m²	19,000	304,000	
シーリングディフューザー	CA 20	12	個	15,700	188,400	
ユニバーサル形吹出口	VHS 400×200	9	個	10,900	98,100	
吸込口	GVS 500×500	2	個	17,900	35,800	
風量調節ダンパー	VD 400×400	1	個	16,600	16,600	
風量調節ダンパー	VD 700×400	1	個	19,500	19,500	
防火ダンパー	FD 400×400	2	個	20,800	41,600	
温度計	バイメタル	12	個	10,200	122,400	
風量測定口		18	個	4,020	72,360	
たわみ継手		1	式		199,800	別紙00-0004
チャンバー類		1	式		1,235,840	◎別紙00-0005
制気口ボックス類		1	式		705,170	別紙00-0006
保温		1	式		2,887,520	◎別紙00-0007
計					9,600,000	

294

公共建築工事内訳書標準書式（設備工事編）の解説（機械設備）記載例

直接工事費　細目別内訳

庁舎　空気調和設備　配管設備						
名　称	摘　要	数量	単位	単　価	金　額	備　考
冷温水管	配管用炭素鋼鋼管（白）、ねじ接合 屋内一般 20Ａ	82	m	3,410	279,620	
冷温水管	配管用炭素鋼鋼管（白）、ねじ接合 屋内一般 50Ａ	97	m	7,590	736,230	
冷温水管	配管用炭素鋼鋼管（白）、ねじ接合 屋内一般 100Ａ	5	m	15,200	76,000	
冷温水管	配管用炭素鋼鋼管（白）、ねじ接合 機械室・便所 20Ａ	25	m	4,010	100,250	
冷温水管	配管用炭素鋼鋼管（白）、ねじ接合 機械室・便所 50Ａ	19	m	8,860	168,340	
冷温水管	配管用炭素鋼鋼管（白）、ねじ接合 機械室・便所 100Ａ	55	m	17,600	968,000	
冷却水管	配管用炭素鋼鋼管（白） ハウジング形管継手による接合 機械室・便所 125Ａ	42	m	21,000	882,000	
冷却水管	配管用炭素鋼鋼管（白） ハウジング形管継手による接合 屋外架空・暗渠 125Ａ	14	m	14,200	198,800	
ドレン管	配管用炭素鋼鋼管（白）、ねじ接合 屋内一般 20Ａ	14	m	3,410	47,740	
ドレン管	配管用炭素鋼鋼管（白）、ねじ接合 屋内一般 32Ａ	63	m	5,360	337,680	
仕切弁	青銅 5Ｋ（ねじ）　20Ａ	17	個	3,450	58,650	
仕切弁	青銅 5Ｋ（ねじ）　50Ａ	5	個	10,400	52,000	
バタフライ弁	鋳鉄 10Ｋ（ウエハー形）　100Ａ	10	個	24,400	244,000	
逆止弁	ねずみ鋳鉄 10Ｋ（フランジ・スイング）　100Ａ	1	個	30,600	30,600	
Ｙ形ストレーナー	鋳鉄製　フランジ式 10Ｋ 100Ａ	1	個	25,900	25,900	
弁装置	二方弁　冷温水用 100×50	1	組	128,000	128,000	
伸縮管継手	鋼管用　ベローズ形（複式）　50Ａ	2	個	71,900	143,800	
防振継手	合成ゴム 100Ａ	2	個	20,100	40,200	
温度計	バイメタル式	10	個	10,200	102,000	
圧力計	水用	10	個	10,100	101,000	

公共建築工事内訳書標準書式（設備工事編）の解説（機械設備）記載例

直接工事費　細目別内訳

庁舎　空気調和設備　　配管設備						
名　称	摘　要	数量	単位	単　価	金　額	備　考
瞬間流量計	固定式 100 A	2	個	44,500	89,000	
冷媒管		1	式		1,233,400	別紙00-0008
合成樹脂製支持受		1	式		88,730	別紙00-0009
保温		1	式		1,033,540	◎別紙00-0010
架台類		1	式		235,200	◎別紙00-0011
形鋼振れ止め支持		1	式		113,840	別紙00-0012
防火区画貫通処理		1	式		21,720	別紙00-0013
スリーブ		1	式		272,643	別紙00-0014
計					7,828,953	

直接工事費　細目別内訳

庁舎　空気調和設備　　総合調整						
名　称	摘　要	数量	単位	単　価	金　額	備　考
総合調整費		1	式		886,780	◎別紙00-0015
計					886,780	

公共建築工事内訳書標準書式（設備工事編）の解説（機械設備）記載例

　明細書の備考欄に「◎別紙」と記載された細目の別紙明細書の記載例を示す。
直接工事費　別紙明細

庁舎　空気調和設備　機器設備						
名　称	摘　要	数量	単位	単　価	金　額	備　考
保温		1	式		372,400	◎別紙00-0001
煙道　断熱	カラー亜鉛鉄板	13	m²	20,800	270,400	
空調用タンク類保温	冷温水ヘッダー　グラスウール　カラー亜鉛鉄板	2	m²	35,300	70,600	
空調用タンク類保温	膨張タンク　グラスウール　カラー亜鉛鉄板	2	m²	15,700	31,400	
計					372,400	

搬入・据付費をまとめて計算した場合の例

搬入・据付費		1	式		2,800,574	◎別紙00-0003
搬入基準単価		15.54	t	60,500	940,170	
設備機械工		69.94	人	26,600	1,860,404	21,300×1.25
計					2,800,574	

搬入・据付費を機器ごとに計上した場合の例（抜粋）

搬入・据付費		1	式		2,800,574	◎別紙00-0003
搬入費	RH-1　複数搬入　400kg/m³未満	3.60	t	84,800	305,280	
搬入費	CT-1　複数搬入　100kg/m³未満	0.58	t	151,000	87,580	
搬入費	ACP-1　複数搬入　300kg/m³未満	0.25	t	103,000	25,750	
搬入費	PCD-1　複数搬入　500kg以下	0.36	t	72,600	26,136	
吸収冷温水機　据付	RH-1　264kW以下	1	基	476,000	476,000	
冷却塔　据付	CT-1　FRP製　523.0kW以下	1	基	180,000	180,000	
マルチパッケージ形空気調和機屋外機　据付	ACP-1　圧縮機屋外形　床置き　防振架台付　28.0kW以下	1	台	89,300	89,300	
マルチパッケージ形空気調和機屋内機　据付	ACP-1-1　圧縮機屋外形　天井吊り　6.3kW以下	4	台	13,900	55,600	
冷却水ポンプ　据付	PCD-1　片吸込形　7.5kW以下　防振基礎	1	台	74,200	74,200	

297

公共建築工事内訳書標準書式（設備工事編）の解説（機械設備）記載例

直接工事費　別紙明細

庁舎　空気調和設備　　ダクト設備						
名　称	摘　要	数量	単位	単　価	金　額	備　考
チャンバー類		1	式		1,235,840	◎別紙00-0005
チャンバー	0.8mm	34	m²	9,370	318,580	
チャンバー	1.0mm	36	m²	10,600	381,600	
消音内貼り	グラスウール　消音チャンバー	52	m²	7,180	373,360	
点検口	400×500	7	個	22,500	157,500	
インサート		48	個	100	4,800	
計					1,235,840	
保温		1	式		2,887,520	◎別紙00-0007
長方形ダクト保温	グラスウール　機械室、書庫、倉庫 アルミガラスクロス 保温厚25	30	m²	6,900	207,000	
長方形ダクト保温	グラスウール　屋内隠ぺい、ダクトシャフト内　アルミガラスクロス 保温厚25	456	m²	5,820	2,653,920	
スパイラルダクト保温	グラスウール（32K）屋内隠ぺい、ダクトシャフト内　アルミガラスクロス 200mm 保温厚25	5	m	3,100	15,500	
スパイラルダクト保温	グラスウール（32K）屋内隠ぺい、ダクトシャフト内　アルミガラスクロス 250mm 保温厚25	3	m	3,700	11,100	
計					2,887,520	

公共建築工事内訳書標準書式（設備工事編）の解説（機械設備）記載例

直接工事費　別紙明細

庁舎　　空気調和設備　　配管設備

名　称	摘　要	数量	単位	単　価	金　額	備　考
保温		1	式		1,033,540	◎別紙00-0010
（冷温水管）						
冷温水管　保温	グラスウール 屋内露出　合成樹脂製カバー1 50A	19	m	4,590	87,210	
冷温水管　保温	グラスウール 屋内露出　合成樹脂製カバー1 100A	59	m	6,450	380,550	
冷温水管　保温	グラスウール 天井内、パイプシャフト内 アルミガラスクロス　20A	76	m	1,610	122,360	
冷温水管　保温	グラスウール 天井内、パイプシャフト内 アルミガラスクロス　50A	97	m	2,360	228,920	
（ドレン管）						
排水管　保温	グラスウール 屋内露出　合成樹脂製カバー1 20A	7	m	2,340	16,380	
排水管　保温	グラスウール 屋内露出　合成樹脂製カバー1 32A	2	m	2,460	4,920	
（弁類）						
冷温水用弁類　保温	グラスウール（バタフライ弁） 屋内露出　カラー亜鉛鉄板 65A	4	個	11,300	45,200	
冷温水用弁類　保温	グラスウール（バタフライ弁） 屋内露出　カラー亜鉛鉄板 100A	10	個	14,800	148,000	
計					1,033,540	
架台類		1	式		235,200	◎別紙00-0011
伸縮継手固定架台	複式　65-100A	3	組	25,800	77,400	
配管固定架台	65-100A　2本用	6	組	13,600	81,600	
配管固定架台	50A以下　3本用	6	組	12,700	76,200	
計					235,200	

299

公共建築工事内訳書標準書式（設備工事編）の解説（機械設備）記載例

直接工事費　別紙明細

庁舎　空気調和設備　総合調整

名　称	摘　要	数量	単位	単　価	金　額	備　考
総合調整		1	式		886,780	◎別紙00-0015
配管系統　調整		660	m	470	310,200	
ダクト系統　調整	長方形ダクト	429	m²	520	223,080	
ダクト系統　調整	スパイラルダクト	13	m	310	4,030	
主機械室内機器調整	空調 5,000m²以下	1	式		213,000	
空調機　調整		3	台	32,000	96,000	
ファンコイルユニット調整		19	台	2,130	40,470	
計					886,780	

300

第4章　昇降機設備工事

Ⅰ　庁舎　1．エレベーター設備

第1節　工事費内訳書標準書式

1．昇降機設備工事の内訳書標準書式における主なものについて、記載要領、注意点等を示す。
2．昇降機設備の科目は、エレベーター設備、小荷物用昇降機設備、エスカレーター設備等に区分し、
　各号機、エレベーター監視盤等は中科目に区分して記載する。

Ⅰ　庁舎

1．エレベーター設備

1-1
エレベーター設備
**　一般事項**

・昇降機製造業者等の見積りによる例を示す。

・一般エレベーター、普及型エレベーター、非常用エレベーターに区分して記載する。

・内訳書は各号機ごとに作成し、号機名のほか、分類（一般、普及型、非常用）、用途（乗用、寝台、人荷共用、荷物用）、構造（機械室あり、機械室なし）を記載する。

1-1-1
主要機器、かご

　1式

・巻上機、電動機、ブレーキ、電源盤及び制御盤、安全装置、マシンビーム、レール、ロープ、釣合おもり、かご等を1式で記載する。
・「定員（名）、速度（m／min）、停止階（階）」を記載する。
・付加仕様が有る場合は付加仕様項目を記載する。

1-1-2
その他部材

　1式

・主要機器、かご及び下記の部材以外で必要な部材がある場合に1式で記載する。

1-1-3
共通部材

　1式

・中間ビーム等の共通部材がある場合に1式で記載する。
・隣接するエレベーターとの重複に注意する。

1-1-4
三方枠

　設計数量（か所）　×　機器単価
○形式、材質、仕上ごとに記載する。

303

公共建築工事内訳書標準書式（設備工事編）の解説（昇降機設備）

・「形式」は（大枠、小枠など）、「材質」は（鋼板製、ステンレス鋼板製）、「仕上」は（塗装、塩ビシート、ヘアラインなど）とする。

1-1-5 幕板

$\boxed{\text{設計数量（か所）}} \times \boxed{\text{機器単価}}$

○材質、仕上ごとに記載する。

・幕板を設ける場合に記載する。

・「材質」は（鋼板製、ステンレス鋼板製）、「仕上」は（塗装、塩ビシート、ヘアラインなど）とする。

1-1-6 乗場の敷居

$\boxed{\text{設計数量（か所）}} \times \boxed{\text{機器単価}}$

○材質ごとに記載する。

・「材質」は、材質の指定がある場合に材質（アルミニウム製、ステンレス鋼板製、鋼製など）を記載する。

1-1-7 乗場の戸

$\boxed{\text{設計数量（か所）}} \times \boxed{\text{機器単価}}$

○戸形式、材質、仕上ごとに記載する。

・「戸形式」は、開き（両引き、片引き）、枚数（2枚戸、3枚戸など）、遮炎遮煙性能（有・無）、「材質」は（鋼板製、ステンレス鋼板製など）、「仕上」は（塗装、塩ビシート、ヘアラインなど）とする。

1-1-8 乗場ボタン

$\boxed{\text{設計数量（か所）}} \times \boxed{\text{機器単価}}$

○ボタン形式、カバープレートの形式、材質、仕上ごとに記載する。

・「ボタン形式」は（点灯式など）、「カバープレートの形式」は（単独形、車いす仕様一体形、インジケータ一体形など）、「材質」は（ステンレス鋼板製など）、「仕上」は（ヘアラインなど）とする。

・インジケータ一体形の場合の「インジゲータの形式」の記載方法は、「1-1-10 インジゲータ」の項による。

1-1-9 専用乗場ボタン

$\boxed{\text{設計数量（か所）}} \times \boxed{\text{機器単価}}$

○ボタン形式、カバープレートの形式、材質、仕上ごとに記載する。

・専用乗場ボタンを単独で設ける場合に記載する。

・「ボタン形式」は（点灯式など）、「カバープレートの形式」は（単独形）、「材質」は（ステンレス鋼板製）、「仕上」は（ヘアラインなど）とする。

304

Ⅰ　庁舎　1．エレベーター設備

1-1-10
インジケータ

$\boxed{\text{設計数量（か所）}} \times \boxed{\text{機器単価}}$

○インジケータ形式、カバープレートの形式、材質、仕上ごとに記載する。

・「インジケータの形式」は（点灯式、デジタル表示式、ホールランタン式など）、「カバープレートの形式」は（単独形、乗場ボタン一体形など）、「材質」は（ステンレス鋼板製など）、「仕上」は（ヘアラインなど）とする。

1-1-11
電気配管配線

$\boxed{\text{1 式}}$

・電気配管配線の材料費を1式で記載する。

1-1-12
消耗品雑材料

$\boxed{\text{1 式}}$

・消耗品雑材料費を1式で記載する。

1-1-13
労務費

$\boxed{\text{1 式}}$

・主要機器・かご、三方枠等の据付、電気配管・配線工事及び試験調整等にかかる費用を1式で記載する。

1-1-14
運搬費

$\boxed{\text{1 式}}$

・運搬にかかる費用を1式で記載する。

1-1-15
諸経費

$\boxed{\text{1 式}}$

・労務費にかかる必要経費であり法定福利費を含んだものとし、1式で記載する。

1-1-16
※直接仮設

$\boxed{\text{1 式}}$

・改修工事において、仮設間仕切り、養生、整理清掃後片付等が必要な場合に1式で記載する。

1-2
エレベーター監視盤

1-2-1
エレベーター
監視盤

$\boxed{\text{設計数量（面）}} \times \boxed{\text{機器単価}}$

○エレベーター監視盤の形式、監視台数、インターホンを記載する。

・「エレベーター監視盤の形式」は（自立形、壁掛形、デスクトップ形）、「監視台

公共建築工事内訳書標準書式（設備工事編）の解説（昇降機設備）

数」は（台）とする。

・インターホンを付属する場合は記載する。

1-2-2
電気配管配線

| １式 |

・電気配管配線の材料費を１式で記載する。

1-2-3
消耗品雑材料

| １式 |

・消耗品雑材料費を１式で記載する。

1-2-4
労務費

| １式 |

・監視盤の据付費、電気配管・配線工事費及び試験調整費等を１式で記載する。

1-2-5
運搬費

| １式 |

・運搬にかかる費用を１式で記載する。

1-2-6
諸経費

| １式 |

・労務費にかかる必要経費であり法定福利費を含んだものとし、１式で記載する。

1-2-7
※直接仮設

| １式 |

・改修工事において、仮設間仕切り、養生、整理清掃後片付等が必要な場合は１式で記載する。

306

I　庁舎　2．小荷物専用昇降機設備

２．小荷物専用昇降機設備

一般事項

・昇降機製造業者等の見積りによる例を示す。

・細目別内訳書は各号機ごとに作成し、号機名のほか、形式（テーブル形、フロア形）を記載する。

**2-1
主要機器、かご**

| 1式 |

・巻上機、電動機、ブレーキ、電源盤及び制御盤、安全装置、マシンビーム、レール、ロープ、釣合おもり、かご等を1式で記載する。

○積載重量（kg）、速度（m／min）を記載する。

**2-2
その他部材**

| 1式 |

・主要機器、かご及び下記の部材以外で必要な部材がある場合に1式で記載する。

**2-3
三方枠**

| 設計数量（か所） | × | 機器単価 |

○形式、材質、仕上ごとに記載する。

・「形式」は（大枠、小枠など）、「材質」は（ステンレス製）、「仕上」は（ヘアラインなど）を記載する。

**2-4
敷板又は膳板**

| 設計数量（台） | × | 機器単価 |

○材質、仕上ごとに記載する。

・テーブル形に適用する。

・「材質」は（ステンレス製）、「仕上」は（ヘアライン、バフ磨きなど）とする。

**2-5
敷居**

| 設計数量（台） | × | 機器単価 |

○材質ごとに記載する。

・フロアー形に適用する。

・材質の指定がある場合に「材質」（アルミニウム製、ステンレス製）を記載する。

**2-6
出し入れ口戸**

| 設計数量（台） | × | 機器単価 |

○戸形式、材質、仕上ごとに記載する。

307

公共建築工事内訳書標準書式（設備工事編）の解説（昇降機設備）

・「戸形式」は、開き（上、上下）、枚数（1枚、2枚戸など）、「材質」は（ステンレス製）、「仕上」は（ヘアラインなど）とする。

2-7
操作盤

設計数量(台) × 機器単価

○操作盤形式、カバープレートの形式、材質、仕上ごとに記載する。

・「操作盤形式」、「カバープレートの形式」、「材質」、「仕上」の指定がある場合に記載する。

・「操作盤の形式」は（点灯式、デジタル表示式など）、「カバープレートの形式」は（操作ボタン・インジケータ一体形など）、「カバープレートの材質」は（樹脂製、ステンレス鋼板製など）、「仕上」は（ヘアラインなど）とする。

2-8
電気配管配線

1式

・昇降路内の電気配管配線の材料費を1式で記載する。

2-9
消耗品雑材料

1式

・消耗品雑材料費を1式で記載する。

2-10
労務費

1式

・主要機器・かご等機器の据付費、電気配管・配線工事費及び試験調整費等を1式で記載する。

2-11
運搬費

1式

・運搬にかかる費用を1式で記載する。

2-12
諸経費

1式

・労務費にかかる必要経費であり法定福利費を含んだものとし、1式で記載する。

2-13
※直接仮設

1式

・改修工事において、仮設間仕切り、養生、整理清掃後片付等が必要な場合は1式で記載する。

308

Ⅰ　庁舎　3．エスカレーター設備

3．エスカレーター設備

一般事項　　・昇降機製造業者等の見積りによる例を示す。

3-1
トラス　　$\boxed{\text{設計数量（台）}} \times \boxed{\text{機器単価}}$
　　・形式、傾斜角度、階高を記載する。
　　・「形式」は（600形、1000形）、「傾斜角度」は（30度、35度）、「階高」は（設置階の階高）（㎜）とする。

3-2
駆動装置　　$\boxed{\text{設計数量（台）}} \times \boxed{\text{機器単価}}$
　　・速度、電気容量を記載する。
　　・「速度」は（30など）（m／min）とする。

3-3
受電・制御盤　　$\boxed{\text{設計数量（台）}} \times \boxed{\text{機器単価}}$
　　・自動発停機能（無・付）、低速待機（有・無）、ポール（有・無）等を記載する。

3-4
踏段レール　　$\boxed{\text{設計数量（台）}} \times \boxed{\text{機器単価}}$

3-5
踏段　　$\boxed{\text{設計数量（台）}} \times \boxed{\text{機器単価}}$
　　・材質の指定がある場合に材質を記載する。
　　・「材質」は、（製造者標準仕様、アルミ合金製、ステンレス鋼板製）とする。

3-6
踏段チェーン　　$\boxed{\text{設計数量（台）}} \times \boxed{\text{機器単価}}$

3-7
内側板　　$\boxed{\text{設計数量（台）}} \times \boxed{\text{機器単価}}$
　　○材質、仕上等を記載する。
　　・「材質」は（ステンレス鋼板製、透明強化ガラス製）、「仕上」は（ヘアラインなど）とする。

公共建築工事内訳書標準書式（設備工事編）の解説（昇降機設備）

3-8
デッキガード

$設計数量（台）× 機器単価$

・材質の指定がある場合に材質を記載する。
・「材質」は、（ステンレス鋼板製（ヘアライン仕上）、アルミ合金製（アルマイト仕上）など）とする。

3-9
スカートガード

$設計数量（台）× 機器単価$

・材質の指定がある場合に材質を記載する。
・「材質」は、（ステンレス鋼板製（ヘアライン仕上）、鋼板製（高分子系潤滑剤塗布、低摩耗仕上）、アルミニウム板製（高分子系潤滑剤塗布、低摩耗仕上）など）とする。

3-10
ハンドレール

$設計数量（台）× 機器単価$

3-11
手摺駆動装置

$設計数量（台）× 機器単価$

3-12
くし

$設計数量（台）× 機器単価$

・材質の指定がある場合に材質を記載する。
・「材質」は、（合成樹脂製、アルミニウム製など）とする。

3-13
床板及びくし板

$設計数量（台）× 機器単価$

・材質の指定がある場合に材質を記載する。
・「材質」は、（製造者標準仕様、ステンレス鋼板製、アルミ合金製など）とする。

3-14
照明器具

$設計数量（台）× 機器単価$

・設置個所、照明の仕様の指定がある場合に設置個所、照明の仕様を記載する。
・「設置個所」は（スカートガード、ステップ下、欄干、コムライトなど）、「仕様」は（ＬＥＤなど）とする。

3-15
操作盤

$設計数量（台）× 機器単価$

・仕様の指定がある場合に仕様を記載する。

Ⅰ　庁舎　3．エスカレーター設備

3-16
安全装置

$$\boxed{設計数量（台）} \times \boxed{機器単価}$$

・仕様の指定がある場合に仕様を記載する。
・「仕様」は、（オートアナウンス、インレット部センサーなど）とする。

3-17
その他部材

$\boxed{1 式}$

・その他部材（仕切板、三角ガードなど）を1式で記載する。

3-18
電気配管配線

$\boxed{1 式}$

・電気配管配線の材料費を1式で記載する。

3-19
消耗品雑材料

$\boxed{1 式}$

・消耗品雑材料費を1式で記載する。

3-20
労務費

$\boxed{1 式}$

・機器の据付費、電気配管・配線工事費及び試験調整費等を1式で記載する。

3-21
運搬費

$\boxed{1 式}$

・運搬にかかる費用等を1式で記載する。

3-22
諸経費

$\boxed{1 式}$

・労務費にかかる必要経費であり法定福利費を含んだものとし、1式で記載する。

3-23
※直接仮設

$\boxed{1 式}$

・改修工事において、仮設間仕切り、養生、整理清掃後片付等が必要な場合は1式で記載する。

311

公共建築工事内訳書標準書式（設備工事編）の解説（昇降機設備）

４．撤去工事

一般事項

・昇降機製造業者等の見積りによる。

4-1
※☆エレベーター設備撤
　去
※☆小荷物専用昇降機設
　備撤去
※☆エスカレーター設備
　撤去

1式

・号機ごとの撤去を１式で記載する。

4-3
※☆諸経費

1式

・撤去工事の労務費にかかる必要経費であり法定福利費を含んだものとし、１式で
　記載する。

５．発生材処理

一般事項

・機器及び三方枠等の撤去に伴うはつり工事によりコンクリートがらが発生した場
　合に適用する。
・設計数量は、m^3、ｔ等で記載する。ただし、少量の場合及び専門工事業者の見
　積りによる場合は１式で記載することができる。

5-1
※発生材積込
※発生材運搬
※発生材処分

Ⅰ　庁舎　14. 発生材処理の当該事項による。

312

平成30年版
公共建築工事内訳書標準書式【設備工事編】・同解説

2018年12月20日　第1版第1刷発行

監　　修　　国土交通省大臣官房官庁営繕部

編集・発行　　一般財団法人
　　　　　　　建築コスト管理システム研究所

　　　　　　　〒105-0003　東京都港区西新橋3-25-33
　　　　　　　　　　　　　　ＮＰ御成門ビル5F
　　　　　　　　電　話　03（3434）1530㈹
　　　　　　　　ＦＡＸ　03（3434）5476
　　　　　　　　http://www.ribc.or.jp/

発　　売　　株式会社大成出版社

　　　　　　　〒156-0042　東京都世田谷区羽根木1-7-11
　　　　　　　　電　話　03（3321）4131㈹
　　　　　　　　http://www.taisei-shuppan.co.jp/

©2018　（一財）建築コスト管理システム研究所　　　印刷／信教印刷
ＩＳＢＮ978-4-8028-3347-9

図書のご案内

■公共建築工事積算基準〈平成29年版〉

監修　国土交通省大臣官房官庁営繕部
編集・発行　（一財）建築コスト管理システム研究所　　　　●図書コード3285　Ｂ５判　定価 本体 8,300円＋税

国の統一基準である「公共建築工事積算基準」等の平成28年度改定を掲載した最新内容。　　　　H29.6.25発行

■公共建築工事積算基準の解説【建築工事編】〈平成27年基準〉

監修　国土交通省大臣官房官庁営繕部
編集・発行　（一財）建築コスト管理システム研究所　　　　●図書コード3221　Ｂ５判　定価 本体 10,000円＋税

新基準「公共建築工事標準単価積算基準（建築工事編）」（平成27年度版），「公共建築工事共通費積算基準」等の運
用に役立つ基本的な考え方と単価作成例を詳細に解説した最新版。　　　　H27.11.10発行

■公共建築工事積算基準の解説【設備工事編】〈平成27年基準〉

監修　国土交通省大臣官房官庁営繕部
編集・発行　（一財）建築コスト管理システム研究所　　　　●図書コード3222　Ｂ５判　定価 本体 10,000円＋税

新基準「公共建築工事標準単価積算基準（電気設備工事編）（機械設備工事編）」（平成27年度版），「公共建築工事共
通費積算基準」等の運用に役立つ基本的な考え方と単価作成例を詳細に解説した最新版。　　　　H27.11.10発行

■建築数量積算基準・同解説〈平成29年版〉

制定　建築工事建築数量積算研究会　　　編集　（一財）建築コスト管理システム研究所／（公社）日本建築積算協会
発行　（一財）建築コスト管理システム研究所　　　　●図書コード3287　Ａ４判　定価 本体 4,000円＋税

平成28年度改定の建築数量積算基準に基づき解説した最新の内容。　　　　H29.7.20発行

■公共建築設備数量積算基準・同解説〈平成29年版〉

監修　国土交通省大臣官房官庁営繕部
編集・発行　（一財）建築コスト管理システム研究所　　　　●図書コード3315　Ａ４判　定価 本体 4,100円＋税

公共建築設備数量積算基準（平成29年3月改定）に基づき解説した最新の内容。　　　　H29.12.25発行

■建築工事内訳書標準書式・同解説〈平成30年版〉

制定　建築工事内訳書標準書式検討委員会　　　編集　（一財）建築コスト管理システム研究所／（公社）日本建築積算協会
発行　（一財）建築コスト管理システム研究所　　　　●図書コード3330　Ａ４判　定価 本体 4,600円＋税

積算に欠かせない「建設工事内訳書標準書式」について解説。　　　　H30.5.22発行

■公共建築工事内訳書標準書式【設備工事編】・同解説〈平成30年版〉

監修　国土交通省大臣官房官庁営繕部
編集・発行　（一財）建築コスト管理システム研究所　　　　●図書コード3347　Ａ４判　定価 本体 4,600円＋税

積算に欠かせない「公共建築工事内訳書標準書式（設備工事編）」について解説。　　　　H30.12.20発行

■―公共建築工事積算基準に基づく―公共建築改修工事の積算マニュアル〈改訂版〉

監修　国土交通省大臣官房官庁営繕部
編集・発行　（一財）建築コスト管理システム研究所　　　　●図書コード3168　Ａ４判　定価 本体 5,500円＋税

国の統一基準類のうち，改修工事（建築）をわかりやすく解説。積算基準類や書式類の改定にあわせた最新版。H27.2.10発行

■公共建築設備改修工事の積算マニュアル

編集・発行　（一財）建築コスト管理システム研究所　　　　●図書コード2933　Ａ４判　定価 本体 6,600円＋税

公共建築設備改修工事の積算について，わかりやすく解説した唯一の書籍！　　　　H25.3.20発行